ÉDITORIAL

JUIN 2023

Sylvain Gasser
prêtre assomptionniste

Pour les nouveaux prêtres

À la fin de ce mois, l'Église fera monter sa louange pour des hommes qui auront répondu à l'appel de Dieu, des prêtres pour la mission. Trop peu nombreux ? Et alors ? Alléluia ! Soucieux de la consécration de l'eucharistie et de l'absolution des péchés ? Alléluia ! Proactifs de l'annonce sociale de l'Évangile ? Alléluia ! Ils sont tels que nous les avons accompagnés durant leurs années de formation. Ils grandiront à la mesure de notre accueil. Ces hommes de peu témoignent que le Christ n'est pas la propriété d'une communauté, que la parole du Christ est une parole de conversion et d'envoi, que le discernement pastoral est une œuvre de tous les instants et que l'on ne s'improvise pas berger de ses frères et sœurs. Leur identité, la seule qu'ils puissent revendiquer, est tissée de la succession de leurs « Me voici », de leurs présences à l'appel. En tournant vers eux notre regard, ne les auréolons pas d'une sainteté d'autant plus admirable qu'elle serait pour nous inaccessible. Ils attestent non pas une aventure exotique et nostalgique, mais cela même que nous sommes. Ce sont des Samaritains de l'espérance. Ils nous ressemblent comme des frères. ■

La parole du Christ est une parole de conversion et d'envoi.

Évangéliser par le numérique

Le Fonds de solidarité de *Prions en Église* permet de rejoindre le plus grand nombre grâce à une offre numérique.

Donner accès à la parole de Dieu pour nourrir la prière communautaire ou personnelle : voici la mission de *Prions en Église*. Pour rejoindre de plus en plus de chercheurs de Dieu et les accompagner dans leur quête spirituelle, *Prions en Église* enrichit ses propositions grâce aux outils numériques, en complément de la revue liturgique papier. L'équipe éditoriale de *Prions en Église* développe depuis plusieurs années des parcours de prière numériques gratuits : parcours de Carême, parcours autour de Marie, la Toussaint ou l'Avent… Ces rendez-vous sont un soutien pour rester fidèle dans la prière et pour enrichir la vie de foi, bien souvent chahutée par les préoccupations et le rythme de nos vies quotidiennes.

« Pour nous, c'est une démarche d'évangélisation », explique Karem Bustica, la rédactrice en chef. « Nous voulons faciliter la prière du plus grand nombre de personnes. Pour cela, nous leur offrons des programmes simples et gratuits pour lire et prier à partir de la Bible, pour mieux vivre les grands temps forts liturgiques, pour apprendre, approfondir ou soutenir la prière. Notre site internet et notre application mobile sont aujourd'hui

des outils privilégiés pour rejoindre ceux qui sont pressés, nomades, ou qui ont un usage exclusif du numérique. Nous croyons fermement que la parole de Dieu peut arriver dans tous les téléphones mobiles… Nous voulons juste lui ouvrir le chemin ! » Ce travail éditorial pour rejoindre nos contemporains pousse les équipes à être inventives pour s'adapter au mieux aux nouveaux usages numériques. Bien évidemment, concevoir et offrir ces propositions gratuites demande des ressources importantes. C'est pourquoi *Prions en Église* fait appel à la générosité de sa communauté de lecteurs et vous invite à vous associer à sa mission de transmission de la foi en contribuant à maintenir vivante une spiritualité catholique accessible à tous. ■

Rendez-vous sur le site www.prionseneglise.fr, et sur l'application Prions.

LE FONDS DE SOLIDARITÉ DE « PRIONS EN ÉGLISE »

Le Fonds de solidarité de *Prions en Église* aide à financer l'offre numérique en complément de la revue papier. Si vous voulez soutenir ce projet, vous pouvez adresser **vos dons par chèque à l'ordre de Bayard à :**
Prions en Église – Fonds de solidarité – Bayard – TSA 60007 – 59714 Lille Cedex 9
ou sur : librairie-bayard.com/je-fais-un-don-pour-prions.html

iStock

Prier avec le Saint-Père

Intention universelle du mois de juin 2023

Prions pour que la communauté internationale s'engage concrètement dans l'abolition de la torture et assure un soutien aux victimes ainsi qu'à leurs familles.

Pour vous aider à prier :
www.prieraucoeurdumonde.net

SAINTS ET SAINTES DU MOIS DE JUIN 2023

Xavier Lecœur, journaliste et historien

Chaque jour, l'Église fête plusieurs saints et bienheureux : ceux du calendrier romain, ceux des calendriers diocésains et ceux du calendrier des Églises orientales.
Tous les mois, Prions en Église *vous propose d'en découvrir quelques-uns.*

1er juin
St Jean-Baptiste Scalabrini
(1839-1905)
Le 9 octobre 2022, était canonisé cet évêque de Plaisance (Italie), fondateur d'une société de laïcs et de deux congrégations religieuses aidant les Italiens qui émigraient en Amérique.

2 juin
St Nicéphore Ier
(758-829)
Patriarche de Constantinople, il tomba en disgrâce et finit sa vie en exil pour avoir défendu le culte des icônes contre l'empereur iconoclaste Léon V.

3 juin
St Morand
(XIe-XIIe siècles)
Reçu à l'abbaye de Cluny par saint Hugues le Grand, il alla ensuite fonder à Altkirch (Haut-Rhin) le prieuré Saint-Christophe. Surnommé « l'apôtre du Sundgau ».

4 juin
Ste Clotilde
(lire page 41)

5 juin
Bse Marguerite Szewczyk
(1828-1905)
Religieuse polonaise née à Chepetivka (aujourd'hui en Ukraine), béatifiée en 2013, à Cracovie. Elle a fondé la congrégation des Filles de la Vierge des Douleurs au service des pauvres, des vieillards et des malades.

6 juin
St Norbert de Xanten
(vers 1085-1134)
Converti au Christ à 35 ans, il fonda ensuite l'ordre des chanoines réguliers de Prémontré, avant de finir sa vie comme évêque de Magdebourg (Allemagne).

7 juin
Bse Anne de Saint-Barthélemy
(1549-1626)
D'abord secrétaire de sainte Thérèse

d'Avila, elle œuvra ensuite à l'implantation de carmels réformés en France et en Flandre.

8 juin
Ste Marie-Thérèse Mankidiyan
(1876-1926)
Religieuse et mystique indienne, fondatrice en 1914 de la congrégation enseignante et hospitalière des Sœurs de la Sainte Famille. Canonisée en 2019.

9 juin
St Éphrem de Nisibe
(vers 306-373)
Les hymnes liturgiques de ce diacre sont d'une telle beauté qu'il fut surnommé « la harpe du Saint-Esprit ». Proclamé docteur de l'Église en 1920.

10 juin
Bx Jean Dominici
(1356-1419)
« La charité rapproche l'homme de Dieu », écrivait ce dominicain italien, qui fut archevêque de Raguse (aujourd'hui Dubrovnik, en Croatie) et cardinal.

11 juin
Bse Yolande
(XIIIe siècle)
Devenue veuve, cette princesse hongroise très pieuse renonça à ses richesses et devint l'abbesse des clarisses de Gniezno (Pologne).

12 juin
Bx Guy Vignotelli
(1185-1245)
Ayant rencontré François d'Assise, ce seigneur de Cortone (Toscane) donna tous ses biens aux pauvres, entra chez les Franciscains et se fit ermite dans une grotte.

13 juin
St Antoine de Padoue
(1195-1231)
« Sans la contrition, il n'y a pas de rémission du péché », rappelait le grand prédicateur franciscain. Docteur de l'Église.

14 juin
St Dogmaël
(VIe siècle)
Moine gallois qui fonda plusieurs églises dans sa région natale, puis en Bretagne.

15 juin
Ste Germaine Cousin
(1579-1601)
Infirme, maltraitée par les siens, cette humble jeune fille de Pibrac (Haute-Garonne) vécut sa brève existence en union constante à Dieu. Canonisée en 1867.

16 juin
St Aurélien
(VIe siècle)
Évêque d'Arles. Il y fonda deux monastères, le premier pour les moines, le second pour les moniales. Il leur donna une règle qui s'inspire de celle de saint Césaire.

17 juin
Bx Marie-Joseph Cassant
(1878-1903)
« Tout pour Jésus, tout par Marie », telle était la devise de ce moine trappiste de l'abbaye Sainte-Marie-du-Désert (Haute-Garonne), mort à 25 ans de la tuberculose. Béatifié à Rome, en 2004.

18 juin
St Léonce
(IVe siècle)
Né à Tripoli (Liban), ce soldat romain fut accusé de prosélytisme chrétien et mourut martyr.

19 juin
Ste Hildemarque
(VIIe siècle)
Native de Bordeaux (Gironde), elle devint l'abbesse d'un monastère bénédictin à Fécamp (Seine-Maritime). Elle y recueillit saint Léger, évêque d'Autun, et soigna ses blessures.

20 juin
St Gobain
(VIIe siècle)
Ce moine irlandais donna son nom à la commune et à la forêt de Saint-Gobain (Aisne). Venu en France, il se fit ermite près de Laon et y fut assassiné par des maraudeurs.

21 juin
Bx Jacques Morelle Dupas
(1754-1794)
Vicaire de Ruffec (Charente). Opposé à la constitution civile du clergé, il fut déporté sur un bateau-prison, en rade de Rochefort et y mourut d'inanition. Béatifié en 1995.

22 juin
St Paulin
(353-431)
« Que le Christ soit notre Dieu, notre voie toujours, notre compagnon et notre éclaireur. » Ainsi priait ce grand lettré et poète chrétien qui, après sa conversion, fut ermite puis évêque de Nole (Italie).

23 juin
Bse Marie d'Oignies
(1177-1213)
Avec son mari, elle transforma sa maison en léproserie, puis elle se fit recluse dans une cellule attenante à l'église d'Oignies, près de Namur (Belgique).

24 juin
Ste Maria Guadalupe García Zavala
(1878-1963)
Il y a soixante ans, jour pour jour, mourait à Guadalajara (Mexique), cette religieuse charitable et courageuse, cofondatrice de la congrégation des Servantes de Sainte-Marguerite-Marie et des Pauvres. Canonisée en 2013.

25 juin
Bse Marie Lhuilier
(1744-1794)
Religieuse augustine à Château-Gontier (Mayenne), sœur Sainte Monique (son nom de religion) était un modèle de piété et de dévouement. Elle fut guillotinée sous la Terreur. Béatifiée en 1955.

26 juin
St Anthelme
(1107-1178)
Une des figures majeures des débuts de l'histoire des chartreux. En 1163, il devint évêque de Belley (Ain), dont il est le saint patron.

27 juin
Bse Louise-Thérèse de Montaignac
(1820-1885)
En 1874, cette religieuse française fonda, à Montluçon (Allier), la Pieuse Union des oblates du Sacré-Cœur de Jésus, un institut original rassemblant des femmes vivant seules ou dans leur famille ou en communauté. Béatifiée en 1990.

28 juin
St Irénée
(vers 130-vers 202)
« Présente à Dieu un cœur souple et docile », conseillait ce grand évêque de Lyon. En janvier 2022, il a été proclamé docteur de l'Église, avec le titre de *doctor unitatis* (docteur de l'unité).

29 juin
St Pierre et st Paul, Apôtres
(Ier siècle)
Tous deux « ont accueilli l'amour de Dieu et se sont laissés transformer par sa miséricorde ; ainsi, ils sont devenus des amis et des apôtres du Christ » (pape François).

30 juin
St Othon de Bamberg
(vers 1062-1139)
« Tout pour la gloire de Dieu et pour le salut du prochain ! », clamait avec fougue cet évêque bavarois, qui évangélisa avec succès la Poméranie, près de la Baltique.

Prions avec les textes de la messe

DU 1ER AU 30 JUIN 2023

Partagez vos intentions de prière

....

....

....

....

....

....

....

....

....

Envoyez vos intentions de prière à :
Prions en Église, Intentions de prière, 18 rue Barbès, 92128 Montrouge Cedex.
Elles seront portées par la rédaction de *Prions en Église* qui participera au 150e Pèlerinage national à Lourdes, du 11 au 16 août 2023.

JEUDI 1ER JUIN 2023

8E SEMAINE DU TEMPS ORDINAIRE COULEUR LITURGIQUE : ROUGE

Saint Justin

IIe siècle. Philosophe païen converti à l'âge de 30 ans. Il ouvrit à Rome une école de catéchistes et défendit, par ses écrits, la foi chrétienne. Décapité sous Marc Aurèle.

Antienne d'ouverture

Les païens m'ont conté des fables : au mépris de ta loi. Devant les rois, je parlais de tes exigences et ne fus pas humilié. (cf. Ps 118, 85.46)

Prière

Seigneur Dieu, par la folie de la croix, tu as donné, de manière admirable, au bienheureux martyr Justin une très haute connaissance de Jésus Christ ; accorde-nous, à son intercession, de rejeter les erreurs qui nous entourent, et d'être affermis dans la foi. Par Jésus… ***— Amen.***

Lecture

du livre de Ben Sira le Sage (42, 15-25)

« La gloire du Seigneur rayonne dans toute son œuvre »

Je vais rappeler les œuvres du Seigneur. Ce que j'ai vu, je vais le raconter : c'est par sa parole que le Seigneur a réalisé ses œuvres, tel fut son décret par sa bénédiction. Comme le soleil, dans son éclat, regarde chaque chose, ainsi la gloire du Seigneur rayonne dans toute son œuvre. Il est impossible aux anges, les saints du Seigneur, de décrire toutes les merveilles que le Seigneur souverain de l'univers fit inébranlables pour que l'univers soit affermi dans sa gloire. Le Seigneur a scruté

les abîmes et les cœurs, il a discerné leurs subtilités. Car le Très-Haut possède toute connaissance, il a observé les signes des temps, faisant connaître le passé et l'avenir, et dévoilant les traces des choses cachées. Aucune pensée ne lui a échappé, pas une parole ne lui a été cachée. Il a organisé les chefs-d'œuvre de sa sagesse, lui qui existe depuis toujours et pour toujours ; rien n'y fut ajouté ni retranché : il n'a eu besoin d'aucun conseiller. Comme toutes ses œuvres sont attirantes, jusqu'à la plus petite étincelle qu'on peut apercevoir ! Tout cela vit et demeure à jamais, remplit son office et lui obéit. Tout va par deux, l'un correspond à l'autre, il n'a rien fait de défectueux, il a confirmé l'excellence d'une chose par l'autre ; qui se rassasierait de contempler sa gloire ? – Parole du Seigneur.

Psaume 32 (33)

℞ ***Le Seigneur a fait les cieux par sa parole.***

Rendez grâce au Seigneur sur la cithare,
jouez pour lui sur la harpe à dix cordes.
Chantez-lui le cantique nouveau,
de tout votre art soutenez l'ovation. ℞

Oui, elle est droite, la parole du Seigneur ;
il est fidèle en tout ce qu'il fait.
Il aime le bon droit et la justice ;
la terre est remplie de son amour. ℞

Le Seigneur a fait les cieux par sa parole,
l'univers, par le souffle de sa bouche.
Il amasse, il retient l'eau des mers ;
les océans, il les garde en réserve. ℞

Que la crainte du Seigneur saisisse la terre,
que tremblent devant lui les habitants du monde !
Il parla, et ce qu'il dit exista ;
il commanda, et ce qu'il dit survint. ℞

Acclamation de l'Évangile

Alléluia. Alléluia. Moi, je suis la lumière du monde, dit le Seigneur. Celui qui me suit aura la lumière de la vie. ***Alléluia.***

Évangile de Jésus Christ

selon saint Marc (10, 46b-52)

« Rabbouni, que je retrouve la vue ! »

En ce temps-là, tandis que Jésus sortait de Jéricho avec ses disciples et une foule nombreuse, le fils de Timée, Bartimée, un aveugle qui mendiait, était assis au bord du chemin. Quand il entendit que c'était Jésus de Nazareth, il se mit à crier : « Fils de David, Jésus, prends pitié de moi ! » Beaucoup de gens le rabrouaient pour le faire taire, mais il criait de plus belle : « Fils de David, prends pitié de moi ! » Jésus s'arrête et dit : « Appelez-le. » On appelle donc l'aveugle, et on lui dit : « Confiance, lève-toi ; il t'appelle. » L'aveugle jeta son manteau, bondit et courut vers Jésus. Prenant la parole, Jésus lui dit : « Que veux-tu que je fasse pour toi ? » L'aveugle lui dit : « *Rabbouni*, que je retrouve la vue ! » Et Jésus lui dit : « Va, ta foi t'a sauvé. » Aussitôt l'homme retrouva la vue, et il suivait Jésus sur le chemin.

Prière sur les offrandes

Accorde-nous, Seigneur, de participer dignement au mystère de l'eucharistie que le bienheureux Justin défendit avec un courage infatigable. Par le Christ, notre Seigneur. ***— Amen.***

Antienne de la communion

Parmi vous, je n'ai rien voulu connaître d'autre que Jésus Christ, ce Messie crucifié.

(cf. 1 Co 2, 2)

Prière après la communion

Déjà réconfortés par le pain du ciel, nous t'adressons, Seigneur, cette humble prière : qu'en suivant les leçons du bienheureux Justin, ton martyr, nous demeurions toujours dans l'action de grâce pour les dons que nous avons reçus. Par le Christ, notre Seigneur. ***— Amen.***

INVITATION

Ce 1er juin est, selon les Nations unies, la Journée mondiale des parents. Je confie au Seigneur toutes les personnes de ma famille qui m'ont aidé à grandir.

COMMENTAIRE

Oser crier et faire confiance Marc 10, 46b-52

Le regard de Jésus, son écoute, son désir de rencontrer Bartimée suffisent pour que cet homme mendiant soit comblé et se relève. Jésus se contente alors de ses cris, de sa réponse à son invitation, de sa demande de guérison pour l'exaucer, pour le sauver. Non seulement Bartimée se met à voir, mais il suit Jésus. Tel est peut-être le *vrai miracle* : il retrouve la vue mais, bien plus encore, il retrouve sa dignité d'homme. Seigneur, donne-moi la force de crier, mais augmente aussi ma foi pour que je dise à mes frères qui crient vers toi : « Confiance, il t'appelle ! » ■

Gérard Naslin, prêtre du diocèse de Nantes

VENDREDI 2 JUIN 2023

8e SEMAINE DU TEMPS ORDINAIRE COULEUR LITURGIQUE : VERT

Temps ordinaire, *suggestion d'oraisons et d'antiennes nº 29*
ou **saint Marcellin et saint Pierre**
ou, en France, **saint Pothin, sainte Blandine et leurs compagnons,** *voir p. 22*

Antienne d'ouverture

Je t'appelle, toi, le Dieu qui répond : écoute-moi, entends ce que je dis. Garde-moi comme la prunelle de l'œil ; à l'ombre de tes ailes, cache-moi.
(Ps 16, 6.8)

Prière

Dieu éternel et tout-puissant, fais-nous toujours agir pour toi d'une volonté ardente, et servir ta gloire d'un cœur sans partage. Par Jésus… ***— Amen.***

Lecture

du livre de Ben Sira le Sage (44, 1.9-13)

Nos ancêtres furent des hommes de miséricorde ;
et leur nom reste vivant pour toutes les générations

Faisons l'éloge de ces hommes glorieux qui sont nos ancêtres. Il y en a d'autres dont le souvenir s'est perdu ; ils sont morts, et c'est comme s'ils n'avaient jamais existé, c'est comme s'ils n'étaient jamais nés, et de même leurs enfants après eux. Il n'en est pas ainsi des hommes de miséricorde, leurs œuvres de justice n'ont pas été oubliées. Avec leur postérité se maintiendra le bel héritage que sont leurs descendants. Leur postérité a persévéré dans les lois de l'Alliance, leurs enfants y sont restés fidèles grâce à eux. Leur descendance subsistera toujours, jamais leur gloire ne sera effacée. – Parole du Seigneur.

Psaume 149

℟ ***Le Seigneur aime son peuple !*** *OU* ***Alléluia !***

Chantez au Seigneur un chant nouveau,
louez-le dans l'assemblée de ses fidèles !
En Israël, joie pour son créateur ;
dans Sion, allégresse pour son Roi ! ℟

Dansez à la louange de son nom,
jouez pour lui, tambourins et cithares !
Car le Seigneur aime son peuple,
il donne aux humbles l'éclat de la victoire. ℟

Que les fidèles exultent, glorieux,
criant leur joie à l'heure du triomphe.
Qu'ils proclament les éloges de Dieu :
c'est la fierté de ses fidèles. ℟

Acclamation de l'Évangile

Alléluia. Alléluia. C'est moi qui vous ai choisis, afin que vous alliez, que vous portiez du fruit, et que votre fruit demeure, dit le Seigneur. ***Alléluia.***

Évangile de Jésus Christ

selon saint Marc (11, 11-25)

« Ma maison sera appelée maison de prière pour toutes les nations. Ayez foi en Dieu »

Après son arrivée au milieu des acclamations de la foule, Jésus entra à Jérusalem, dans le Temple. Il parcourut du regard toutes choses et, comme c'était déjà le soir, il sortit pour aller à Béthanie avec les Douze.

Le lendemain, quand ils quittèrent Béthanie, il eut faim. Voyant de loin un figuier qui avait des feuilles, il alla voir s'il y trouverait quelque chose ; mais, en s'approchant, il ne trouva que des feuilles, car ce n'était pas la saison des figues. Alors il dit au figuier : « Que jamais plus personne ne mange de tes fruits ! » Et ses disciples avaient bien entendu.
Ils arrivèrent à Jérusalem. Entré dans le Temple, Jésus se mit à expulser ceux qui vendaient et ceux qui achetaient dans le Temple. Il renversa les comptoirs des changeurs et les sièges des marchands de colombes, et il ne laissait personne transporter quoi que ce soit à travers le Temple. Il enseignait, et il déclarait aux gens : « L'Écriture ne dit-elle pas : *Ma maison sera appelée maison de prière pour toutes les nations* ? Or vous, vous en avez fait une caverne de bandits. » Apprenant cela, les grands prêtres et les scribes cherchaient comment le faire périr. En effet, ils avaient peur de lui, car toute la foule était frappée par son enseignement. Et quand le soir tomba, Jésus et ses disciples s'en allèrent hors de la ville.
Le lendemain matin, en passant, ils virent le figuier qui était desséché jusqu'aux racines. Pierre, se rappelant ce qui s'était passé, dit à Jésus : « Rabbi, regarde : le figuier que tu as maudit est desséché. » Alors Jésus, prenant la parole, leur dit : « Ayez foi en Dieu*. Amen, je vous le dis : quiconque dira à cette montagne : "Enlève-toi de là, et va te jeter dans la mer", s'il ne doute pas dans son cœur, mais s'il croit que ce qu'il dit arrivera, cela lui sera accordé ! C'est pourquoi, je vous le dis : tout ce que vous demandez dans la prière, croyez que vous l'avez obtenu, et cela vous sera accordé. Et quand vous vous tenez en prière, si vous avez

quelque chose contre quelqu'un, pardonnez, afin que votre Père qui est aux cieux vous pardonne aussi vos fautes. »

Prière sur les offrandes

Accorde-nous, Seigneur, nous t'en prions, de te servir d'un cœur libre en te présentant ces dons ; puissions-nous, par un effet de ta grâce, être purifiés par ces mystères que nous célébrons. Par le Christ, notre Seigneur. — ***Amen.***

Antienne de la communion

Le Seigneur veille sur ceux qui le craignent, qui mettent leur espoir en sa miséricorde, pour délivrer leur âme de la mort, les nourrir aux jours de famine. (cf. Ps 32, 18-19)

OU

Le Fils de l'homme est venu pour donner sa vie en rançon pour la multitude. (cf. Mc 10, 45)

Prière après la communion

Accorde-nous, Seigneur, nous t'en prions, de progresser en participant aux réalités du ciel ; ainsi, nous serons soutenus par tes bienfaits en ce temps et façonnés par ceux de l'éternité. Par le Christ, notre Seigneur. — ***Amen.***

INVITATION

Comment faire de ma maison une « maison de prière » ? Je peux installer un oratoire, entamer chaque repas par un bénédicité, réciter le chapelet, etc.

COMMENTAIRE

Une expression de la foi Marc 11, 11-25

Jésus donne à la prière une très grande place. Il est le priant par excellence, et il ne cesse d'inviter à faire de même. Parce que le Temple est le lieu de la prière, Jésus ne tolère pas qu'on lui donne une autre fonction. Et il invite ses disciples à exprimer leur foi par la prière, et à mettre leur vie en cohérence avec elle. Seigneur, augmente ma foi pour que ma prière exprime ma confiance, et que ma vie soit en accord avec elle. ■

***Gérard Naslin**, prêtre du diocèse de Nantes*

✲ CLÉ DE LECTURE

« Ayez foi en Dieu » Marc 11, 22 *(p. 19)*

Cette traduction est possible, mais difficile grammaticalement. Il est beaucoup plus normal, en grec, de comprendre : « Ayez la foi de Dieu. » Nous sommes surpris, mais ce thème est présent déjà chez Paul (cf. Rm 3, 3), tout comme l'invitation à « imiter Dieu » (Ep 5, 1). Le mot « foi » est plus large en grec qu'en français, il s'agit de confiance, de fidélité, de crédit fait à quelqu'un. Avoir la foi de Dieu, c'est regarder le monde et les êtres avec le regard même de Dieu, un regard de confiance et de fidélité qui fait crédit aux êtres humains. Dieu ne cesse de nous faire crédit et de croire en nous. Seule cette confiance sans faille nous permet d'entrer dans la prière, de demander l'impossible et de croire que « rien n'est impossible à Dieu » (Lc 1, 37). ■

***Roselyne Dupont-Roc**, bibliste*

Saint Pothin, sainte Blandine et leurs compagnons

Couleur liturgique : rouge

IIe siècle. Parmi la cinquantaine de chrétiens martyrisés à Lyon figuraient le vieil évêque Pothin, le diacre Sanctus, l'adolescent Ponticus et la petite esclave Blandine.

Antienne d'ouverture

Les saints martyrs ont versé leur sang
pour le Seigneur ; par leur vie
ils ont aimé le Christ, ils l'ont imité
dans leur mort, méritant ainsi
les couronnes des vainqueurs.

Prière

Tu as donné, Seigneur Dieu, à ceux qui furent les premiers dans notre pays à offrir leur vie pour la foi, saint Pothin, sainte Blandine et leurs compagnons, d'affirmer jusqu'à la mort leur joie d'être chrétiens ; rends-nous dignes de toujours mieux te connaître, afin qu'à leur exemple, le bien que nous ferons témoigne de la puissance de ton amour. Par Jésus… — ***Amen.***

Prière sur les offrandes

Reçois, Père très saint, les offrandes que nous te présentons en faisant mémoire de tes saints martyrs ; accorde aux serviteurs que nous sommes d'être inébranlables dans la confession de ton nom. Par le Christ, notre Seigneur. — ***Amen.***

Préface des martyrs, p. 223.

Antienne de la communion

Elle est grande auprès de Dieu,
la récompense des saints : ils sont
morts pour le Christ et vivent à jamais.

Prière après la communion

Seigneur Dieu, en tes saints martyrs tu as fait resplendir de manière admirable le mystère de la croix ; puisque nous sommes fortifiés par ce sacrifice, accorde-nous de rester fidèlement unis au Christ, et de travailler dans l'Église au salut de tous. Par le Christ, notre Seigneur. — ***Amen.***

SAMEDI 3 JUIN 2023

8E SEMAINE DU TEMPS ORDINAIRE COULEUR LITURGIQUE : ROUGE

Saint Charles Lwanga et ses compagnons

XIXe siècle. De 1885 à 1887, vingt-deux jeunes chrétiens d'Ouganda – dont le chef des pages Charles Lwanga – furent brûlés vifs sur l'ordre du roi.

Antienne d'ouverture

Comme l'or au creuset, le Seigneur a éprouvé ses élus ;
comme une offrande parfaite, il les accueille. Au temps de sa visite,
ils resplendiront. Pour ses amis, grâce et miséricorde. (cf. Sg 3, 6-7.9)

Prière

Seigneur Dieu, tu as fait du sang des martyrs une semence de chrétiens ; accorde à ton Église, terre féconde arrosée par le sang de saint Charles Lwanga et de ses compagnons, de t'offrir une moisson toujours abondante. Par Jésus… ***— Amen.***

Lecture

du livre de Ben Sira le Sage (51, 12c-20)

« Je rendrai gloire à celui qui me donne la Sagesse »

Je veux te rendre grâce et te louer, je bénirai le nom du Seigneur. Quand j'étais encore jeune et que je n'avais pas erré çà et là, aux yeux de tous j'ai cherché la Sagesse dans ma prière. Devant le Temple, je priais pour la recevoir, et jusqu'au bout je la rechercherai. Depuis la fleur jusqu'à la maturité de la grappe, elle a été la joie de mon cœur. Mon pied s'est avancé sur le droit chemin ; depuis ma jeunesse, je marchais sur ses traces. Il m'a suffi de tendre un peu l'oreille pour la recevoir, et j'y ai trouvé de grandes leçons. Grâce à elle, j'ai progressé ; je rendrai gloire à celui qui me donne la Sagesse. J'ai résolu de la mettre en pratique, ardemment j'ai désiré le bien, et jamais je n'aurai à le regretter. Pour elle, j'ai vaillamment combattu, j'ai mis, à pratiquer la Loi, beaucoup d'exactitude. J'ai levé mes mains vers le ciel, j'ai déploré de la connaître si mal. J'ai dirigé mon âme vers elle, c'est dans la pureté que je l'ai trouvée. Avec elle, dès le commencement, j'ai trouvé l'intelligence, c'est pourquoi je ne serai jamais abandonné. – Parole du Seigneur.

Psaume 18B (19)

℟ ***Les préceptes du Seigneur sont droits, ils réjouissent le cœur.***

La loi du Seigneur est parfaite,
qui redonne vie ;
la charte du Seigneur est sûre,
qui rend sages les simples. ℟

Les préceptes du Seigneur sont droits,
ils réjouissent le cœur ;
le commandement du Seigneur est limpide,
il clarifie le regard. ℟

La crainte qu'il inspire est pure,
elle est là pour toujours ;
les décisions du Seigneur sont justes
et vraiment équitables : ℟

plus désirables que l'or,
qu'une masse d'or fin,
plus savoureuses que le miel
qui coule des rayons. ℟

Acclamation de l'Évangile

Alléluia. Alléluia. Que la parole du Christ habite en vous dans toute sa richesse, et offrez par lui votre action de grâce à Dieu le Père. ***Alléluia.***

Évangile de Jésus Christ
selon saint Marc (11, 27-33)

« Par quelle autorité fais-tu cela ? »

En ce temps-là, Jésus et ses disciples revinrent à Jérusalem. Et comme Jésus allait et venait dans le Temple, les grands prêtres, les scribes et les anciens vinrent le trouver. Ils lui demandaient : « Par quelle autorité fais-tu cela ? Ou alors qui t'a donné cette autorité pour le faire ? » Jésus leur dit : « Je vais vous poser une seule question. Répondez-moi, et je vous dirai par quelle autorité je fais cela : le baptême de Jean venait-il du ciel ou des hommes ? Répondez-moi. » Ils se faisaient entre eux ce raisonnement : « Si nous disons : "Du ciel", il va dire : "Pourquoi donc n'avez-vous pas cru à sa parole ?" Mais allons-nous dire : "Des hommes" ? » Ils avaient peur de la foule, car tout le monde estimait que Jean était réellement un prophète. Ils répondent donc à Jésus : « Nous ne savons pas ! » Alors Jésus leur dit : « Moi, je ne vous dis pas non plus par quelle autorité je fais cela. »

Prière sur les offrandes
Nous te présentons, Seigneur, nos offrandes et nous te supplions humblement : toi qui as accordé à tes saints martyrs la force de préférer la mort au péché, fais que nous servions à ton autel en nous donnant à toi sans réserve. Par le Christ, notre Seigneur. ***— Amen.***

Antienne de la communion
Elle a du prix aux yeux du Seigneur,
la mort de ses amis les saints. (Ps 115, 15)

Prière après la communion

Nous avons participé, Seigneur, à ces mystères divins en rappelant la victoire de tes saints martyrs, et nous te prions : puisque ces mystères leur ont donné le courage d'endurer les supplices, fais que nous y trouvions, comme eux, une foi et une charité sans défaillance au milieu des épreuves. Par le Christ, notre Seigneur. ***— Amen.***

INVITATION

Demain, c'est la fête des Mères. Et si je portais une attention particulière aux mamans surmenées, par un sourire, un service, une intention de prière ? Je peux aussi les confier à la Vierge Marie.

COMMENTAIRE

L'autorité de Jésus

Marc 11, 27-33

Personne n'osait nier l'autorité de Jésus, mais les chefs religieux cherchaient à le mettre à l'épreuve en lui demandant de dire qui lui avait donné cette autorité. Jésus ne répond pas à leur question, mais il leur tend un piège en les invitant à témoigner de Jean Baptiste. Il sait que l'autorité de ce dernier vient de Dieu, comme la sienne ne peut venir que de son Père. Il le manifestait en levant les yeux avant d'accomplir un miracle pour faire signe. Seigneur, permets qu'à ton exemple je demeure toujours fidèle à la volonté de ton Père. ■

***Gérard Naslin,** prêtre du diocèse de Nantes*

DIMANCHE 4 JUIN 2023

LA SAINTE TRINITÉ

ANNÉE A – COULEUR LITURGIQUE : BLANC

© Catherine Chion

« Dieu a envoyé son Fils dans le monde, non pas pour juger le monde, mais pour que, par lui, le monde soit sauvé. » Jean 3, 17

« Dieu a tellement aimé le monde. » C’est une parole d’espérance et d’amour que nous portons en ce dimanche de la Trinité. Père, notre Dieu est la source de tout amour. Fils, notre Seigneur nous rejoint dans notre humanité et nous entraîne dans la Résurrection. Esprit, il souffle sur nous un vent de confiance et de joie. Aujourd’hui, laissons-nous emporter dans la joyeuse spirale de cet amour infini.

RITES INITIAUX

Chant d'entrée *(Suggestions p. 243)*
OU
Antienne d'ouverture
Béni soit Dieu le Père, et le Fils unique de Dieu,
ainsi que le Saint-Esprit,
car il nous a montré sa miséricorde.

Suggestion de préparation pénitentielle *(ou p. 214)*
Le Seigneur n'est pas venu pour juger le monde, mais pour le mener sur la voie du salut. Dans la confiance, tournons-nous vers le Seigneur et reconnaissons que nous sommes pécheurs.

Seigneur Jésus, toi qui as été envoyé par ton Père et notre Père, tu es venu parmi nous pour que le monde soit sauvé. Kyrie, eleison.
— Kyrie, eleison.
Ô Christ, toi qui as partagé la condition de tous les hommes, tu te penches vers les plus égarés de tes enfants. Christe, eleison.
— Christe, eleison.
Seigneur, toi qui souffles sur nous l'Esprit de foi et d'espérance, tu nous entraînes dans la joie et la louange. Kyrie, eleison.
— Kyrie, eleison.

Que Dieu tout-puissant nous fasse miséricorde ; qu'il nous pardonne nos péchés et nous conduise à la vie éternelle. ***— Amen.***

Gloire à Dieu *(p. 216)*

Prière
Dieu notre Père, tu as envoyé dans le monde le Verbe de vérité et l'Esprit qui sanctifie pour révéler aux hommes ton admirable mystère ; donne-nous de professer la vraie foi en reconnaissant la gloire de l'éternelle Trinité, en adorant son unité dans sa toute-puissance. Par Jésus… ***— Amen.***

LITURGIE DE LA PAROLE

Lecture du livre de l'Exode (34, 4b-6.8-9)

« Le Seigneur, le Seigneur, Dieu tendre et miséricordieux »

En ces jours-là, Moïse se leva de bon matin, et il gravit la montagne du Sinaï comme le Seigneur le lui avait ordonné. Il emportait les deux tables de pierre. Le Seigneur descendit dans la nuée et vint se placer là, auprès de Moïse. Il proclama son nom qui est : Le Seigneur. Il passa devant Moïse et proclama : « Le Seigneur, Le Seigneur, Dieu tendre et miséricordieux, lent à la colère, plein d'amour et de vérité. » Aussitôt Moïse s'inclina jusqu'à terre et se prosterna. Il dit : « S'il est vrai, mon Seigneur, que j'ai trouvé grâce à tes yeux, daigne marcher au milieu de nous. Oui, c'est un peuple à la nuque raide ; mais tu pardonneras nos fautes et nos péchés, et tu feras de nous ton héritage. » – Parole du Seigneur.

Cantique (Daniel 3, 52, 53, 54, 55, 56)

℟ ***À toi, louange et gloire éternellement !***

T. : AELF ; M. : T. Ospital ; Éd. : ADF.

Béni sois-tu, Seigneur, Dieu de nos pères : ℟
Béni soit le nom très saint de ta gloire : ℟
Béni sois-tu dans ton saint temple de gloire : ℟
Béni sois-tu sur le trône de ton règne : ℟
Béni sois-tu, toi qui sondes les abîmes : ℟
Toi qui sièges au-dessus des Kéroubim : ℟
Béni sois-tu au firmament, dans le ciel : ℟

Retrouvez ce psaume sur le CD "Les psaumes de l'année A"

Lecture de la deuxième lettre de saint Paul apôtre aux Corinthiens (13, 11-13)

« La grâce de Jésus Christ, l'amour de Dieu et la communion du Saint-Esprit »

Frères, soyez dans la joie, cherchez la perfection, encouragez-vous, soyez d'accord entre vous, vivez en paix, et le Dieu

d'amour et de paix sera avec vous. Saluez-vous les uns les autres par un baiser de paix. Tous les fidèles vous saluent. Que la grâce du Seigneur Jésus Christ, l'amour de Dieu et la communion du Saint-Esprit soient avec vous tous.

– Parole du Seigneur.

Acclamation de l'Évangile

Alléluia. Alléluia. Gloire au Père, et au Fils, et au Saint-Esprit : au Dieu qui est, qui était et qui vient ! ***Alléluia.***

T. : AELF; M. : P. Robert.

Évangile de Jésus Christ selon saint Jean (3, 16-18)

« Dieu a envoyé son Fils, pour que, par lui, le monde soit sauvé »

Dieu a tellement aimé le monde qu'il a donné son Fils unique, afin que quiconque croit en lui ne se perde pas, mais obtienne la vie éternelle. Car Dieu a envoyé son Fils dans le monde, non pas pour juger le monde, mais pour que, par lui, le monde soit sauvé. Celui qui croit en lui échappe au Jugement ; celui qui ne croit pas est déjà jugé, du fait qu'il n'a pas cru au nom du Fils unique de Dieu.

Homélie

Profession de foi (p. 217)

Suggestion de prière universelle

Le prêtre :

En ce dimanche de la Trinité, tournons-nous vers le Christ envoyé par le Père et conduit par l'Esprit. Confions-lui les prières de tous les habitants de la terre.

℟ ***Oh ! Seigneur, en ce jour, écoute nos prières.***

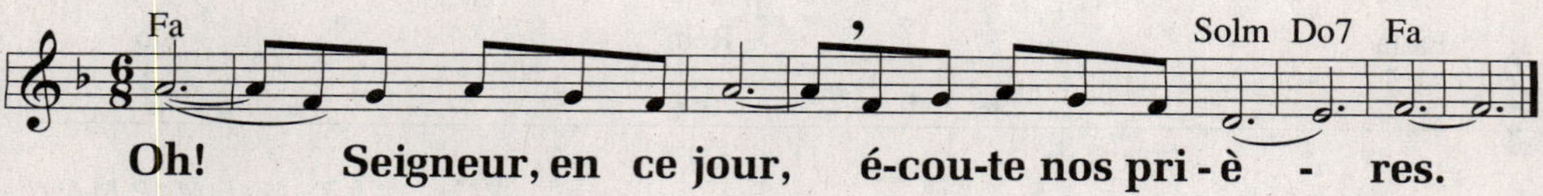

P 95 ; T. : et M. : R. Fau ; ADF Studio SM.

Le diacre ou un lecteur :

« Dieu a tellement aimé le monde. » En ce dimanche de la Trinité, prions le Christ pour notre Église, appelée à dire au monde l'amour infini de Dieu pour tous les hommes. Ensemble, prions le Seigneur. ℟

« Soyez d'accord entre vous et vivez en paix. » En ce dimanche où nous célébrons l'amour de Dieu, prions le Christ pour tous nos responsables politiques, appelés à être vecteurs de paix et d'harmonie entre les peuples. Ensemble, prions le Seigneur. ℟

« Pour que le monde soit sauvé. » Avec le pape François, prions la communauté internationale, appelée à s'engager concrètement dans l'abolition de la torture et dans le soutien aux victimes. Ensemble, prions le Seigneur. ℟

« À toi, louange et gloire éternellement. » Avec toute notre communauté rassemblée, prions pour nos jeunes et pour tous nos étudiants, invités à être persévérants en cette période d'examens. Ensemble, prions le Seigneur. ℟

(Ces intentions seront adaptées ou modifiées selon les circonstances.)

Le prêtre :

Seigneur Jésus, envoyé par le Père et conduit par l'Esprit, exauce toutes nos prières, toi qui vis et règnes pour les siècles des siècles.

— Amen.

LITURGIE EUCHARISTIQUE

Prière sur les offrandes

Nous t'en prions, Seigneur notre Dieu : par ton nom que nous invoquons, sanctifie ces présents offerts par ceux qui te servent, et fais de nous-mêmes, par ces dons, une éternelle offrande à ta gloire. Par le Christ, notre Seigneur. ***– Amen.***

Prière eucharistique

(Préface de la Trinité)

Vraiment, il est juste et bon, pour ta gloire et notre salut, de t'offrir notre action de grâce, toujours et en tout lieu, Seigneur, Père très saint, Dieu éternel et tout-puissant. Avec ton Fils unique et le Saint-Esprit, tu es un seul Dieu, tu es un seul Seigneur, non pas en une seule personne mais une seule substance en trois personnes. Ce que nous croyons de ta gloire, parce que tu l'as révélé, nous le croyons pareillement, et de ton Fils et du Saint-Esprit ; et quand nous proclamons notre foi au Dieu éternel et véritable, nous adorons en même temps chacune des personnes, dans leur unique nature et leur égale majesté. C'est ainsi que les anges et les archanges et les plus hautes puissances des cieux, ne cessent de chanter d'une même voix, en proclamant :

Saint ! Saint ! Saint…

Chant de communion *(Suggestions p. 243)*

OU

Antienne de la communion

Puisque vous êtes des fils,
Dieu a envoyé dans vos cœurs
l'Esprit de son Fils, qui crie *Abba,*
c'est-à-dire : Père !
(cf. Ga 4, 6)

Prière après la communion

Seigneur notre Dieu, puissions-nous trouver le salut de l'âme et du corps dans notre communion à ce sacrement, en professant notre foi en la Trinité, éternelle et sainte, comme en son indivisible unité. Par le Christ, notre Seigneur. ***— Amen.***

RITE DE CONCLUSION

Bénédiction

Envoi

COMMENTAIRE DU DIMANCHE

Luc Forestier, prêtre de l'Oratoire

Mouvement trinitaire

Le livre de l'Exode dénonce les risques de torticolis, quand les nuques raides empêchent tout mouvement intérieur. Face à ces blocages qui nous menacent à tout âge, la fête de la Trinité nous invite à inscrire la dynamique divine dans nos existences, car le Dieu unique en trois personnes est en perpétuel mouvement. En méditant ce passage de l'Exode, les chrétiens y ont vu une préfiguration du mystère de la Trinité. Dieu est simultanément celui qui descend à la rencontre de Moïse, qui marche sur nos routes et qui se communique dans la nuée. Or, ce mouvement au cœur de la divinité nous est vraiment accessible, comme le montre le signe de croix. Parfois esquissé de manière furtive, ce geste trinitaire, à la fois simple et subtil, inscrit sur nos corps l'amour du Père, la grâce du Fils et la communion du Saint-Esprit. L'initiative du Père, le don jusqu'au bout du Fils et la force d'amour de l'Esprit Saint ne s'expriment pas d'abord par des idées.

Le mouvement trinitaire se perçoit dans la convergence entre le récit biblique et le geste liturgique, entre le rappel de l'Alliance entre Dieu et son peuple et son inscription corporelle, depuis le jour de notre baptême jusqu'au jour de nos obsèques, quand nos proches effectueront ce même geste sur notre corps.
Tracer la Trinité sur nos corps, sur nos aliments, sur les personnes dont nous avons la charge, constitue un moyen très sûr d'entrer dans le mouvement trinitaire, et de nous laisser envoyer comme témoins dans l'histoire humaine.

~

Comment puis-je vivre davantage ce signe trinitaire,
et le transmettre à d'autres ? ■

DIMANCHE 4 JUIN 2023

LIRE L'ÉVANGILE AVEC LES ENFANTS

CE QUE JE DÉCOUVRE

Dieu aime tellement le monde qu'il y envoie son Fils Jésus. Sa mission ? Sauver le monde. Comment ? En invitant ceux qui l'écoutent à aimer Dieu et les autres. **Croire en Jésus, c'est croire que l'amour peut tout.**
Lorsque nous manquons d'amour, nous passons notre temps à juger les autres. Mais Jésus a tellement d'amour qu'il ne juge pas, il sauve !

CE QUE JE VIS

Selon toi, de quels malheurs le monde a-t-il besoin d'être sauvé ?
Pour sauver le monde, que ferais-tu ?
Aujourd'hui, prie pour tous ceux qui ne connaissent pas Jésus et qui ne croient pas en Dieu.

Texte : Cédric Kuntz. Illustrations : Marcelino Truong

MÉDITATION BIBLIQUE

LA SAINTE TRINITÉ

Livre de l'Exode 34, 4b-6.8-9; Évangile selon saint Jean 3, 16-18

Le contre-piège

L'enseignement de Jésus met en lumière les pièges dans lesquels, régulièrement, nous tombons.

Le temps de la préparation

**« Béni sois-tu, Seigneur,
Dieu de nos pères : à toi, louange et gloire éternellement !
Béni soit le nom très saint de ta gloire : à toi, louange et gloire éternellement ! » (Dn 3, 52)**

Le temps de l'observation

Alors que l'instant solennel du don de la Loi pourrait s'accompagner d'autorité, de menace et de verticalité, c'est tout l'inverse qui est décrit ici. Au moment où le Seigneur donne les tables de la Loi au peuple hébreu, sa posture a de quoi surprendre. Il n'a pas une attitude de supériorité ou de domination. Au contraire, il descend auprès de Moïse. Il se présente comme un Dieu tendre et miséricordieux, lent à la colère, qui pardonne faute et péché. Ce décalage n'est pas anodin. Il révèle au contraire des indications essentielles sur ce que •••

... signifie la révélation de la Torah. Moïse ne s'y trompe pas. Face à la loi de Dieu, il ne cherche pas à se rebeller ni à obtenir des avantages. On voit, à son attitude, qu'il a compris que la relation entre Dieu et son peuple était l'enjeu de ce don. Dès lors, une histoire de confiance devient possible et espérée. Le peuple et Dieu décident de continuer ensemble.

Le temps de la méditation

L'évangile du jour reprend à son compte ce décalage. En affirmant que « celui qui croit en lui échappe au Jugement », Jésus cherche à sortir la relation entre Dieu et les hommes d'un rapport de crainte et de domination. Tout se passe comme si Jésus explicitait le non-verbal de l'Alliance du mont Sinaï. La Torah de Dieu ne sert pas à juger ou à être jugé. Elle sert à désirer Dieu comme créateur, comme la confiance faite à quelqu'un de sûr, dont on désire la présence. La loi de Dieu n'est pas là pour donner des bons ou des mauvais points. La Torah a une tout autre fonction. Elle sert à donner à l'humain sa juste place en le faisant sortir de la logique de culpabilité dans laquelle il s'enferme. Si croire au Christ permet d'échapper au Jugement, c'est qu'il y a mieux que le Jugement pour comprendre le poids et la valeur d'une vie. Jésus explicite l'amour palpable au Sinaï. Il donne à voir le fruit de cette relation entre l'humain et le divin.

Le temps de la prière

« Que la grâce du Seigneur Jésus Christ, l'amour de Dieu et la communion du Saint-Esprit soient avec vous tous. » (2 Co 13, 13) ■

Marie-Laure Durand, bibliste

LA SAINTE DU MOIS

4 JUIN : SAINTE CLOTILDE (VERS 475-545)

La foi d'une reine

Dans l'océan de cruauté et de violence qui submergea le VIe siècle, la figure de sainte Clotilde apparaît comme un îlot réconfortant de foi, de douceur et de patience. Fille de Chilpéric II (roi des Burgondes qui aurait été assassiné par son propre frère Gondebaud !), la jeune princesse reçut une éducation chrétienne. À 18 ans, elle fut remarquée par des émissaires du roi des Francs, Clovis Ier, qui était en quête d'une alliance politique avec les Burgondes. Leur mariage eut lieu en 493, à Soissons. Clovis était ambitieux, brutal, encore païen. La reine Clotilde tenait à lui faire découvrir la foi chrétienne. Peu à peu, par la prière, l'exemple et la parole, elle •••

••• parvint à éveiller l'intérêt de son mari. La victoire que ce dernier remporta à Tolbiac en 496, victoire perçue comme un signe divin, le convainquit de se convertir au « Dieu de Clotilde ». Instruit des vérités de la foi par saint Vaast, le roi des Francs reçut le baptême à Reims, des mains de l'archevêque saint Remi, à Noël 496 (ou à Noël 498 selon des historiens contemporains). Ce jour, ô combien décisif pour le destin de la France, s'avéra aussi l'un des plus heureux de la vie si tourmentée de Clotilde. Car, après la mort de Clovis en 511, revint le temps des épreuves et des drames : Clotilde eut la profonde douleur de voir sa propre descendance s'entre-déchirer et même s'entre-tuer ! Meurtrie par ces luttes de succession sanglantes, la reine finit par se retirer à Tours, près du tombeau de saint Martin. Là, elle se consacra à la prière et aux œuvres de charité, et fonda plusieurs monastères. À sa mort, en 545, son corps fut ramené à Paris pour y être enterré près de Clovis dans la basilique des Saints-Apôtres Pierre et Paul (appelée ensuite basilique Sainte-Geneviève). Sainte Clotilde fut canonisée quinze ans plus tard par le pape Pélage Ier. Depuis lors, elle est vénérée comme la mère de la France chrétienne. ■

Xavier Lecœur, journaliste et historien

UNE SAINTE POUR AUJOURD'HUI

Nos familles sont parfois le lieu d'incompréhensions profondes, voire de conflits ouverts. Que sainte Clotilde, qui fut témoin d'affrontements familiaux poussés à leur paroxysme, nous aide à demeurer toujours des artisans de paix et de réconciliation, dans l'esprit des Béatitudes.

Une prière *de Lise Hudon-Bonin, pour ce dimanche*

Qu'en nous tu demeures, Seigneur

Dieu Amour, toi la source de toute vie,
tu nous donnes de t'appeler Père
et tu fais de ton Fils notre frère.
Tu es patience et tendresse.
Tu es miséricorde.
Qu'en nous demeure ton amour.
Dieu Amour, tu es le Fils de Dieu, reflet du Père.
Tu es Évangile. Tu es le sens de nos jours
et l'espérance du monde.
Qu'en nous demeure ta grâce.
Dieu Amour, tu es l'Esprit
qui ouvre nos cœurs.
Tu es notre force.
Tu es notre souffle.
Tu suscites en nous l'unité et la compassion.
Qu'en nous demeure ta communion.

LUNDI 5 JUIN 2023

9E SEMAINE DU TEMPS ORDINAIRE COULEUR LITURGIQUE : ROUGE

Saint Boniface

VIIIe siècle. Ce bénédictin anglais fit connaître l'Évangile aux populations germaniques. Sacré archevêque de Mayence, il mourut assassiné. Apôtre de l'Allemagne.

Antienne d'ouverture

C'est pour l'œuvre du Christ que saint Boniface est mort ;
il a risqué sa vie pour l'accomplir. (cf. Ph 2, 30)

Prière

Que ton saint martyr Boniface intercède pour nous, Seigneur : donne-nous de garder fermement et de professer sans crainte, par toute notre vie, la foi qu'il a enseignée par sa parole et qu'il a scellée de son propre sang. Par Jésus… — ***Amen.***

Lecture

du livre de Tobie (1, 3 ; 2, 1b-8)

« Moi, Tobith, j'ai marché dans les voies de la vérité »

Moi, Tobith, j'ai marché dans les voies de la vérité et j'ai fait ce qui est juste tous les jours de ma vie ; j'ai fait beaucoup d'aumônes à mes frères et aux gens de ma nation qui avaient été emmenés captifs avec moi au pays des Assyriens, à Ninive. Lors de notre fête de la Pentecôte, qui est la sainte fête des Semaines, on me prépara un bon repas et je m'étendis pour le prendre. On plaça devant moi une table et on me servit quantité de petits plats. Alors je dis à mon fils Tobie : « Va, mon enfant, essaie de trouver parmi nos frères déportés à Ninive un pauvre qui se

souvienne de Dieu de tout son cœur; amène-le pour qu'il partage mon repas. Moi, mon enfant, j'attendrai que tu sois de retour. » Tobie partit chercher un pauvre parmi nos frères. À son retour, il dit : « Père! – Qu'y a-t-il, mon enfant? – Père, quelqu'un de notre nation a été assassiné; il a été jeté sur la place publique, il vient d'y être étranglé. » Laissant là mon repas avant même d'y avoir touché, je me précipitai, j'enlevai de la place le cadavre que je déposai dans une dépendance en attendant le coucher du soleil pour l'enterrer. À mon retour, je pris un bain et je mangeai mon pain dans le deuil, en me rappelant la parole que le prophète Amos avait dite sur Béthel : « Vos fêtes se changeront en deuil, et tous vos chants en lamentation. » Et je me mis à pleurer. Puis, quand le soleil fut couché, je partis creuser une tombe pour enterrer le mort. Mes voisins se moquaient de moi : « N'a-t-il donc plus peur? disaient-ils. On l'a déjà recherché pour le tuer à cause de cette manière d'agir, et il a dû s'enfuir. Et voilà qu'il recommence à enterrer les morts! »
– Parole du Seigneur.

Psaume 111 (112)

℟ ***Heureux qui craint le Seigneur.*** *OU* ***Alléluia!***

Heureux qui craint le Seigneur,
qui aime entièrement sa volonté!
Sa lignée sera puissante
sur la terre;
la race des justes est bénie. ℟

Les richesses affluent dans sa maison :
à jamais se maintiendra sa justice.
Lumière des cœurs droits,
il s'est levé dans les ténèbres,
homme de justice, de tendresse et de pitié. ℟

L'homme de bien a pitié, il partage ;
il mène ses affaires avec droiture.

Cet homme jamais ne tombera ;
toujours on fera mémoire du juste. ℟

Acclamation de l'Évangile

Alléluia. Alléluia. Jésus Christ, témoin fidèle, premier-né d'entre les morts, tu nous aimes, et par ton sang tu nous délivres du péché. ***Alléluia.***

Évangile de Jésus Christ

selon saint Marc (12, 1-12)

« Ils se saisirent du fils bien-aimé, le tuèrent, et le jetèrent hors de la vigne »

En ce temps-là, Jésus se mit à parler en paraboles aux chefs des prêtres, aux scribes et aux anciens : « Un homme planta une vigne, il l'entoura d'une clôture, y creusa un pressoir et y bâtit une tour de garde. Puis il loua cette vigne à des vignerons, et partit en voyage. Le moment venu, il envoya un serviteur auprès des vignerons pour se faire remettre par eux ce qui lui revenait des fruits de la vigne. Mais les vignerons se saisirent du serviteur, le frappèrent, et le renvoyèrent les mains vides. De nouveau, il leur envoya un autre serviteur ; et celui-là, ils l'assommèrent et l'humilièrent. Il en envoya encore un autre, et celui-là, ils le tuèrent ; puis beaucoup d'autres serviteurs : ils frappèrent les uns et tuèrent les autres. Il lui restait encore quelqu'un : son fils bien-aimé. Il l'envoya vers eux en dernier, en se disant : "Ils respecteront mon fils." Mais ces vignerons-là se dirent entre eux : "Voici l'héritier : allons-y ! tuons-le, et l'héritage va être à nous !" Ils se saisirent de lui, le tuèrent, et le jetèrent hors de la vigne. Que fera le maître de la vigne ? Il viendra, fera périr les vignerons, et donnera la vigne à d'autres. N'avez-vous pas lu ce passage de l'Écriture ? *La pierre qu'ont rejetée* les bâtisseurs est devenue la pierre d'angle : c'est là l'œuvre du Seigneur, la merveille devant nos yeux !* » Les chefs du peuple cherchaient à arrêter Jésus, mais ils eurent peur de la foule. – Ils avaient bien compris en effet qu'il avait dit la parabole à leur intention. Ils le laissèrent donc et s'en allèrent.

Prière sur les offrandes

En commémorant le martyre de saint Boniface, nous présentons nos offrandes à ton autel, et nous te prions, Seigneur : donne-nous d'imiter dans nos actes les mystères de la passion du Seigneur que nous célébrons. Lui qui… ***— Amen.***

Antienne de la communion

Celui qui perdra sa vie
à cause de moi et de l'Évangile
la sauvera, dit le Seigneur.
(Mc 8, 35)

Prière après la communion

En célébrant le banquet du ciel, nous te prions, Seigneur : que le souvenir du saint martyr Boniface nous incite à suivre l'exemple d'une telle foi, et que sa prière nous guide. Par le Christ, notre Seigneur. ***— Amen.***

INVITATION

En communion avec toute l'Église, je peux prier le Seigneur pour toutes les victimes de torture, ainsi que pour leurs familles (voir page 6).

LUNDI 5 JUIN 2023

COMMENTAIRE

Autorité Marc 12, 1-12

Les grands prêtres, les scribes et les anciens de Jérusalem – c'est-à-dire les autorités du Temple où Jésus prêche – ont compris que la parabole des vignerons homicides leur est adressée. Quand la foule se sera retournée, ils pourront effectivement le tuer. Mais la parabole révèle l'identité de Jésus avant d'anticiper la Croix. Par quelle autorité enseigne-t-il après avoir chassé les vendeurs ? Il est le Fils bien-aimé du Dieu d'Israël. ■

***Nicolas Tarralle**, prêtre assomptionniste*

❊ CLÉ DE LECTURE

« La pierre qu'ont rejetée » Marc 12, 10 *(p. 47)*

Depuis le prophète Isaïe, l'image de la vigne peuple de Dieu court à travers la tradition juive (Is 5, 2 ; 7, 1). Elle est ici appliquée à la mission de Jésus et à sa mort violente : les responsables de la vigne ne se contentent pas d'en détourner les fruits, ils s'attaquent aux envoyés de Dieu, les prophètes, et finissent par tuer son Fils. Les communautés chrétiennes pourront aussi l'appliquer à toute tentative de s'approprier un pouvoir indu, en prenant la place du Fils. La citation du psaume 117 (118), ***un peu décalée, joue sur l'image du bâtiment*** **: Dieu a fait de son Fils la pierre d'angle. Mais à tous ceux qui construisent dans l'Église, elle rappelle que la pierre rejetée ou méprisée est peut-être la pierre d'angle qu'ils n'ont pas su reconnaître. ■**

***Roselyne Dupont-Roc**, bibliste*

MARDI 6 JUIN 2023

9E SEMAINE DU TEMPS ORDINAIRE COULEUR LITURGIQUE : VERT

Temps ordinaire, *suggestion d'oraisons et d'antiennes n° 30*
ou **saint Norbert**

4 - 10

Antienne d'ouverture

Joie pour les cœurs qui cherchent Dieu. Cherchez le Seigneur, et vous serez affermis, recherchez sans trêve sa face. (cf. Ps 104, 3-4)

Prière

Dieu éternel et tout-puissant, augmente en nous la foi, l'espérance et la charité ; et pour que nous puissions obtenir ce que tu promets, fais-nous aimer ce que tu commandes. Par Jésus… ***— Amen.***

Lecture

du livre de Tobie (2, 9-14)

« Je finis par devenir complètement aveugle »

Cette nuit-là, lors de la fête de la Pentecôte, après avoir enterré un mort, moi, Tobith, je pris un bain, puis j'entrai dans la cour de ma maison et je m'étendis contre le mur de la cour, le visage découvert à cause de la chaleur. Je ne m'aperçus pas qu'il y avait des moineaux dans le mur, au-dessus de moi, et leur fiente me tomba toute chaude dans les yeux et provoqua des leucomes. Je me rendis chez les médecins pour être soigné, mais plus ils m'appliquaient leurs baumes, plus ce voile blanchâtre m'empêchait de voir, et je finis par devenir complètement aveugle : je restai privé de

la vue durant quatre ans. Tous mes frères s'apitoyaient sur mon sort, et Ahikar pourvut à mes besoins pendant deux ans jusqu'à son départ pour l'Élymaïde. Pendant ce temps-là, ma femme Anna, pour gagner sa vie, exécutait des travaux d'ouvrière, qu'elle livrait à ses patrons, et ceux-ci lui réglaient son salaire. Or, le sept du mois de Dystros, elle acheva une pièce de tissu et l'envoya à ses patrons ; ils lui réglèrent tout ce qu'ils lui devaient et, pour un repas de fête, ils lui offrirent un chevreau pris à sa mère. Arrivé chez moi, le chevreau se mit à bêler. J'appelai ma femme et lui dis : « D'où vient ce chevreau ? N'aurait-il pas été volé ? Rends-le à ses propriétaires. Car nous ne sommes pas autorisés à manger quoi que ce soit de volé ! » Elle me dit : « Mais c'est un cadeau qu'on m'a donné en plus de mon salaire ! » Je refusai de la croire, je lui dis de rendre l'animal à ses propriétaires, et je me fâchai contre ma femme à cause de cela. Alors elle me répliqua : « Qu'en est-il donc de tes aumônes ? Qu'en est-il de tes bonnes œuvres* ? On voit bien maintenant ce qu'elles signifient ! »
– Parole du Seigneur.

Psaume 111 (112)

℟ ***Le juste est confiant : le cœur ferme, il s'appuie sur le Seigneur.***
OU ***Alléluia !***

Heureux qui craint le Seigneur,
qui aime entièrement sa volonté !
Sa lignée sera puissante sur la terre ;
la race des justes est bénie. ℟

Il ne craint pas l'annonce d'un malheur :
le cœur ferme, il s'appuie sur le Seigneur.
Son cœur est confiant, il ne craint pas :
il verra ce que valaient ses oppresseurs. ℟

À pleines mains, il d**o**nne au pauvre ;
à jamais se maintiendr**a** sa justice,
sa puissance grandir**a**, et sa gloire ! ℟

Acclamation de l'Évangile

Alléluia. Alléluia. Que le Père de notre Seigneur Jésus Christ ouvre à sa lumière les yeux de notre cœur, pour que nous percevions l'espérance que donne son appel. ***Alléluia.***

Évangile de Jésus Christ

selon saint Marc (12, 13-17)

« Ce qui est à César, rendez-le à César, et à Dieu ce qui est à Dieu »

En ce temps-là, on envoya à Jésus des pharisiens et des partisans d'Hérode pour lui tendre un piège en le faisant parler, et ceux-ci vinrent lui dire : « Maître, nous le savons : tu es toujours vrai ; tu ne te laisses influencer par personne, car ce n'est pas selon l'apparence que tu considères les gens, mais tu enseignes le chemin de Dieu selon la vérité. Est-il permis, oui ou non, de payer l'impôt à César, l'empereur ? Devons-nous payer, oui ou non ? » Mais lui, sachant leur hypocrisie, leur dit : « Pourquoi voulez-vous me mettre à l'épreuve ? Faites-moi voir une pièce d'argent. » Ils en apportèrent une, et Jésus leur dit : « Cette effigie et cette inscription, de qui sont-elles ? – De César », répondent-ils. Jésus leur dit : « Ce qui est à César, rendez-le à César, et à Dieu ce qui est à Dieu. » Et ils étaient remplis d'étonnement à son sujet.

Prière sur les offrandes

Regarde les présents que nous t'offrons, nous t'en prions, Seigneur, Dieu de majesté : permets que notre célébration soit d'abord tournée vers ta gloire. Par le Christ, notre Seigneur. – ***Amen.***

Antienne de la communion

Nous trouverons la joie en ton salut,
et la grandeur dans le nom
de notre Dieu.
(cf. Ps 19, 6)

OU

Le Christ nous a aimés et s'est livré
lui-même pour nous,
s'offrant en sacrifice à Dieu,
comme un parfum d'agréable odeur.
(Ep 5, 2)

Prière après la communion

Que tes sacrements, Seigneur, nous t'en prions, achèvent de produire en nous ce qu'ils contiennent ; puissions-nous saisir dans sa pleine vérité ce que notre célébration préfigure aujourd'hui. Par le Christ, notre Seigneur. – ***Amen.***

INVITATION

« Qu'en est-il de [mes] bonnes œuvres ? »
Et si je prenais pour moi cette interpellation de la première lecture ?

COMMENTAIRE

Un rendu divin

Marc 12, 13-17

Payer l'impôt c'est reconnaître, bon gré mal gré, le pouvoir de celui qui le lève. Ce n'est pas une soumission absolue. Rendre à César la monnaie qui lui appartient peut même être interprété comme une volonté de s'en émanciper. Plus important alors, pour Jésus, est la capacité à rendre à Dieu ce qui est à Dieu. Mais quoi, au juste ? Cette étonnante liberté intérieure d'aimer et d'être aimé : elle ne se paye en retour que de reconnaissance. ■

Nicolas Tarralle, prêtre assomptionniste

✻ CLÉ DE LECTURE

« Tes bonnes œuvres »

Tobie 2, 14 *(p. 50)*

La femme de Tobith comprend-elle la situation à la lumière de l'idée de rétribution : les malheurs de Tobith manifesteraient bien que ses « œuvres » ne sont pas agréées par Dieu ? Ou, au contraire, met-elle en cause cette théologie : à quoi sert donc d'être honnête si on n'est pas mieux récompensé ? L'attitude de Tobith est effectivement ambivalente : il est extrêmement rigoureux dans l'observation de la Loi et oppose l'honnêteté (ou ce qu'il croit l'être) à la simple bienveillance amicale. Le récit va montrer que la rigueur de Tobith penche du côté de la mort : l'observation obsessionnelle de la Loi doit s'ouvrir à l'imprévu de Dieu et à la nouveauté surprenante, mais courageusement affrontée, de la vie, ce que son fils, le jeune Tobie, va découvrir dans son voyage. ■

Roselyne Dupont-Roc, bibliste

MERCREDI 7 JUIN 2023

9ᴱ SEMAINE DU TEMPS ORDINAIRE COULEUR LITURGIQUE : VERT

Temps ordinaire, *suggestion d'oraisons et d'antiennes n° 31*

Antienne d'ouverture

Ne m'abandonne jamais, Seigneur, mon Dieu,
ne sois pas loin de moi. Viens vite à mon aide, Seigneur,
force de mon salut ! (cf. Ps 37, 22-23)

Prière

Dieu de puissance et de miséricorde, c'est ta grâce qui donne à tes fidèles de pouvoir dignement te servir ; nous t'en prions : accorde-nous de courir sans que rien nous arrête vers les biens que tu promets. Par Jésus… ***— Amen.***

Lecture

du livre de Tobie (3, 1-11.16-17a)

« La prière de l'un et de l'autre fut portée en présence de la gloire de Dieu où elle fut entendue »

En ces jours-là, la mort dans l'âme, moi, Tobith, je gémissais et je pleurais ; puis, au milieu de mes gémissements, je commençai à prier : « Tu es juste, Seigneur, toutes tes œuvres sont justes, tous tes chemins, miséricorde et vérité ; c'est toi qui juges le monde. Et maintenant, Seigneur, souviens-toi de moi et regarde : ne me punis pas pour mes péchés, mes égarements, ni pour ceux de mes pères, qui ont péché devant

toi et refusé d'entendre tes commandements. Tu nous as livrés au pillage, à la déportation et à la mort, pour être la fable, la risée, le sarcasme de toutes les nations où tu nous as disséminés. Et maintenant encore, ils sont vrais les nombreux jugements que tu portes contre moi, pour mes péchés et ceux de mes pères, car nous n'avons pas pratiqué tes commandements ni marché dans la vérité devant toi. Et maintenant, agis avec moi comme il te plaira, ordonne que mon souffle me soit repris, pour que je disparaisse de la face de la terre et devienne, moi-même, terre. Pour moi, mieux vaut mourir que vivre, car j'ai entendu des insultes mensongères, et je suis accablé de tristesse. Seigneur, ordonne que je sois délivré de cette adversité, laisse-moi partir au séjour éternel, et ne détourne pas de moi ta face, Seigneur. Car, pour moi, mieux vaut mourir que connaître tant d'adversités à longueur de vie. Ainsi, je n'aurai plus à entendre de telles insultes. »

Or ce jour-là, Sarra, la fille de Ragouël d'Ecbatane en Médie, se fit, elle aussi, insulter par une jeune servante de son père : elle avait été mariée sept fois, et Asmodée, le pire des démons, tuait les maris avant qu'ils ne se soient approchés d'elle. Donc, la servante dit à Sarra : « C'est toi qui as tué tes maris ! En voilà déjà sept à qui tu as été donnée en mariage, et d'aucun d'entre eux tu n'as porté le nom. Pourquoi nous fouetter, sous prétexte que tes maris sont morts ? Va les rejoindre : puissions-nous ne jamais voir de toi un fils ni une fille ! » Ce jour-là, Sarra, la mort dans l'âme, se mit à pleurer. Et elle monta dans la chambre haute de la maison de son père avec l'intention de se pendre. Mais, à la réflexion, elle se dit : « Eh bien, non ! On irait insulter mon père et lui dire : "Tu n'avais qu'une fille, une fille très aimée, et elle s'est pendue à cause de ses malheurs !" Je ferais ainsi descendre mon vieux père plein de tristesse au séjour des morts. Mieux vaut pour moi ne pas me pendre, mais supplier le Seigneur de me faire mourir, pour que je n'aie plus à entendre de telles insultes à longueur de vie. » À l'instant même, elle étendit les mains vers la fenêtre et fit cette prière : « Béni sois-tu, Dieu de miséricorde ; béni soit ton nom pour les siècles ; que toutes tes œuvres te bénissent à jamais ! » À cet instant précis, la prière de l'un et de l'autre fut portée en présence de la gloire de Dieu où elle fut entendue. Et Raphaël* fut envoyé pour les guérir tous deux : à Tobith pour enlever le voile blanchâtre qui couvrait ses yeux afin que, de ses yeux, il voie la lumière de Dieu, et à Sarra, fille de Ragouël, pour la donner en mariage à Tobie, fils de Tobith, et expulser d'elle Asmodée, le pire des démons ; en effet c'est à Tobie que revenait le droit de l'épouser plutôt qu'à tous ses prétendants.

– Parole du Seigneur.

Psaume 24 (25)

℟ ***Vers toi, Seigneur, j'élève mon âme.***

Je m'appuie sur toi : ép<u>a</u>rgne-moi la honte ;
ne laisse pas triomph<u>e</u>r mon ennemi.
Pour qui espère en t<u>o</u>i, pas de honte,
mais honte et décepti<u>o</u>n pour qui trahit. ℟

Seigneur, enseigne-m<u>o</u>i tes voies,
fais-moi conn<u>a</u>ître ta route.
Dirige-moi par ta vérit<u>é</u>, enseigne-moi,
car tu es le Die<u>u</u> qui me sauve. ℟

Rappelle-toi, Seigneur, ta tendresse,
ton amour qui est de toujours.
Dans ton amour, ne m'oublie pas,
en raison de ta bonté, Seigneur. ℟

Il est droit, il est bon, le Seigneur,
lui qui montre aux pécheurs le chemin.
Sa justice dirige les humbles,
il enseigne aux humbles son chemin. ℟

Acclamation de l'Évangile

Alléluia. Alléluia. Moi, je suis la résurrection et la vie, dit le Seigneur. Celui qui croit en moi ne mourra jamais. ***Alléluia.***

Évangile de Jésus Christ

selon saint Marc (12, 18-27)

« Il n'est pas le Dieu des morts, mais des vivants »

En ce temps-là, des sadducéens – ceux qui affirment qu'il n'y a pas de résurrection – vinrent trouver Jésus. Ils l'interrogeaient : « Maître, Moïse nous a prescrit : *Si un homme a un frère qui meurt en laissant une femme, mais aucun enfant, il doit épouser la veuve pour susciter une descendance à son frère.* Il y avait sept frères ; le premier se maria, et mourut sans laisser de descendance. Le deuxième épousa la veuve, et mourut sans laisser de descendance. Le troisième pareillement. Et aucun des sept ne laissa de descendance. Et en dernier, après eux tous, la femme mourut aussi. À la résurrection, quand ils ressusciteront, duquel d'entre eux sera-t-elle l'épouse, puisque les sept l'ont eue pour épouse ? » Jésus leur dit : « N'êtes-vous pas en train de vous égarer, en méconnaissant les Écritures et la puissance de Dieu ? Lorsqu'on ressuscite d'entre les morts, on ne prend ni femme ni mari, mais on est comme les anges dans les cieux. Et sur le fait que les morts ressuscitent, n'avez-vous pas lu dans le livre de Moïse, au récit du buisson ardent, comment Dieu lui a dit : *Moi, je suis le Dieu d'Abraham, le Dieu d'Isaac, le Dieu de Jacob* ? Il n'est pas le Dieu des morts, mais des vivants. Vous vous égarez complètement. »

Prière sur les offrandes

Seigneur, que ce sacrifice devienne pour toi une offrande pure, et pour nous, le don généreux et saint de ta miséricorde. Par le Christ, notre Seigneur. — ***Amen.***

Antienne de la communion

Tu m'apprends, Seigneur,
le chemin de la vie : devant ta face,
débordement de joie ! (Ps 15, 11)

OU

De même que le Père, qui est vivant,
m'a envoyé, et que moi je vis
par le Père, de même celui qui
me mange, lui aussi vivra par moi,
dit le Seigneur. (Jn 6, 57)

Prière après la communion

Nous t'en prions, Seigneur, augmente en nous la force de ton action, afin que, renouvelés par les sacrements du ciel, nous soyons préparés par ta grâce à recevoir les biens qu'ils promettent. Par le Christ, notre Seigneur. — ***Amen.***

INVITATION

Je peux copier joliment sur une carte un verset du psaume du jour et l'envoyer à un enfant de mon entourage.

COMMENTAIRE

Sans s'égarer

Marc 12, 18-27

Les sadducéens s'égarent en interrogeant Jésus. Il y a donc bien parfois des recherches qui ne mènent nulle part. En l'occurrence, questionner la résurrection avec des relations matrimoniales et réduire la vie en Dieu à des lois sociales. L'inverse a plus de sens : éclairer nos réalités humaines de l'amour infiniment vivant de Dieu. En scrutant l'Écriture pour découvrir la puissante miséricorde de Dieu, nous ne nous égarons pas. ■

Nicolas Tarralle, *prêtre assomptionniste*

❊ CLÉ DE LECTURE

« Raphaël »

Tobie 3, 17 *(p. 56)*

Comment vivre en Juif fidèle dans la diaspora ? Deux familles de déportés, celle de Tobith et celle de Sarra, l'une à Ninive, l'autre à Ecbatane, se heurtent au malheur et à la mort, malgré une observation scrupuleuse de la Loi de Moïse. C'est grâce au voyage du jeune fils de Tobith, Tobie, que l'avenir s'ouvrira : le salut prend la figure de Raphaël, l'ange dont le nom signifie « Dieu guérit », qui vient en aide à Tobie, en montrant comment la miséricorde de Dieu se manifeste enfin à travers les épreuves par les moyens les plus étranges. Une miséricorde dont le secret ne sera révélé qu'en finale : chacun est appelé à faire confiance au Dieu de la vie, et à regarder vers l'avenir sans se laisser enfermer dans le désespoir, ni cesser de bénir ! ■

Roselyne Dupont-Roc, *bibliste*

JEUDI 8 JUIN 2023

9E SEMAINE DU TEMPS ORDINAIRE COULEUR LITURGIQUE : VERT

Temps ordinaire, *suggestion d'oraisons et d'antiennes n° 32*

Antienne d'ouverture

Que ma prière parvienne jusqu'à toi ;
ouvre ton oreille à ma plainte, Seigneur. (cf. Ps 87, 3)

Prière

Dieu de puissance et de miséricorde, éloigne de nous, dans ta bonté, tout ce qui nous arrête, afin que sans aucune entrave, ni d'esprit ni de corps, nous accomplissions d'un cœur libre ce qui vient de toi. Par Jésus… ***— Amen.***

Lecture

du livre de Tobie (6, 10-11 ; 7, 1.9-17 ; 8, 4-9a)

« Daigne me faire miséricorde, ainsi qu'à elle, et nous mener ensemble à un âge avancé »

En ces jours-là, quand Raphaël fut entré en Médie et que déjà il approchait d'Ecbatane, il dit au garçon : « Tobie, mon frère », et celui-ci répondit : « Qu'y a-t-il ? » Raphaël reprit : « Nous devons loger cette nuit chez Ragouël. Cet homme est ton parent, et il a une fille qui s'appelle Sarra. » Entré à Ecbatane, Tobie dit à Raphaël : « Azarias, mon frère, conduis-moi tout droit chez notre frère Ragouël. » Raphaël le conduisit donc chez Ragouël. Ils le trouvèrent assis à l'entrée de la cour et le saluèrent les premiers. Il leur répondit : « Grande joie à vous, frères, soyez les

bienvenus ! », et il les fit entrer dans sa maison. Tobie et Raphaël prirent un bain, ils se lavèrent, avant de prendre place pour le repas. Puis, Tobie dit à Raphaël : « Azarias, mon frère, demande à Ragouël de me donner en mariage Sarra ma parente. » Ragouël entendit ces mots et dit au jeune Tobie : « Cette nuit, mange, bois, prends du bon temps : toi seul as le droit d'épouser ma fille Sarra, et moi-même je n'ai pas le pouvoir de la donner à un autre homme, puisque tu es mon plus proche parent. Pourtant, je dois te dire la vérité, mon enfant : je l'ai donnée en mariage à sept de nos frères, et ils sont morts la nuit même, au moment où ils allaient s'approcher d'elle. Mais à présent, mon enfant, mange et bois : le Seigneur interviendra en votre faveur. » Tobie répliqua : « Je ne mangerai ni ne boirai rien, tant que tu n'auras pas pris de décision à mon sujet. » Ragouël lui dit : « Soit ! elle t'est donnée en mariage selon le décret du Livre de Moïse ; c'est un jugement du ciel qui te l'a accordée. Emmène donc ta sœur. Car, dès à présent, tu es son frère et elle est ta sœur. À partir d'aujourd'hui elle t'est donnée pour toujours. Que le Seigneur du ciel veille sur vous cette nuit, mon enfant, et vous comble de sa miséricorde et de sa paix ! » Ragouël appela Sarra, qui vint vers lui. Il prit la main de sa fille et la confia à Tobie, en disant : « Emmène-la : conformément à la Loi et au décret consigné dans le Livre de Moïse, elle t'est donnée pour femme. Prends-la et conduis-la en bonne santé chez ton père. Et que le Dieu du ciel vous guide dans la paix ! » Puis il appela sa femme et lui dit d'apporter une feuille sur laquelle il écrivit l'acte de mariage, selon lequel il donnait Sarra à Tobie conformément au décret de la loi de Moïse. Après quoi,

on commença à manger et à boire. Ragouël s'adressa à sa femme Edna : « Va préparer la seconde chambre, ma sœur, et tu y conduiras notre fille. » Elle s'en alla préparer le lit dans la chambre, comme Ragouël l'avait demandé, y conduisit sa fille et pleura sur elle. Puis, elle essuya ses larmes et lui dit : « Confiance, ma fille ! Que le Seigneur du ciel change ta douleur en joie ! Confiance, ma fille ! » Puis elle se retira.
Quand les parents de Sarra eurent quitté la chambre et fermé la porte, Tobie sortit du lit et dit à Sarra : « Lève-toi, ma sœur. Prions, et demandons à notre Seigneur de nous combler de sa miséricorde et de son salut. » Elle se leva, et ils se mirent à prier et à demander que leur soit accordé le salut. Tobie commença ainsi : « Béni sois-tu, Dieu de nos pères ; béni soit ton nom dans toutes les générations, à jamais. Que les cieux te bénissent et toute ta création dans tous les siècles. C'est toi qui as fait Adam ; tu lui as fait une aide et un appui : Ève, sa femme. Et de tous deux est né le genre humain. C'est toi qui as dit : "Il n'est pas bon que l'homme soit seul. Je vais lui faire une aide qui lui soit semblable." Aussi, ce n'est pas pour une union illégitime que je prends ma sœur que voici, mais dans la vérité de la Loi. Daigne me faire miséricorde, ainsi qu'à elle, et nous mener ensemble à un âge avancé. » Puis ils dirent d'une seule voix : « Amen ! Amen ! » Et ils se couchèrent pour la nuit. – Parole du Seigneur.

Psaume 127 (128)

℟ ***Heureux qui craint le Seigneur !***

Heureux qui craint le Seigneur
et marche selon ses voies !
Tu te nourriras du travail de tes mains :
Heureux es-tu ! À toi, le bonheur ! ℟

Ta femme sera dans ta maison
comme une vigne généreuse,
et tes fils, autour de la table,
comme des plants d'olivier. ℟

Voilà comment sera béni
l'homme qui craint le Seigneur.
De Sion, que le Seigneur te bénisse !
Tu verras le bonheur de Jérusalem
tous les jours de ta vie. ℟

Acclamation de l'Évangile

Alléluia. Alléluia. Notre Sauveur, le Christ Jésus, a détruit la mort ; il a fait resplendir la vie par l'Évangile. ***Alléluia.***

Évangile de Jésus Christ

selon saint Marc (12, 28b-34)

« Il n'y a pas de commandement plus grand que ceux-là »

En ce temps-là, un scribe s'avança pour demander à Jésus : « Quel est le premier de tous les commandements ? » Jésus lui fit cette réponse : « Voici le premier : *Écoute, Israël : le Seigneur notre Dieu est l'unique Seigneur. Tu aimeras le Seigneur ton Dieu de tout ton cœur, de toute ton âme, de tout ton esprit et de toute ta force.* Et voici le second : *Tu aimeras ton prochain comme toi-même.* Il n'y a pas de commandement plus grand que ceux-là. » Le scribe reprit : « Fort bien, Maître, tu as dit vrai : Dieu est l'Unique et il n'y en a pas d'autre que lui. L'aimer de tout son cœur, de toute son intelligence, de toute sa force, et aimer son prochain comme soi-même, vaut mieux que toute offrande d'holocaustes et de sacrifices. » Jésus, voyant qu'il avait fait une remarque judicieuse, lui dit : « Tu n'es pas loin du royaume de Dieu. » Et personne n'osait plus l'interroger.

Prière sur les offrandes

Sur les offrandes que nous présentons pour le sacrifice, nous t'en prions, Seigneur, jette un regard favorable, afin que, par la ferveur de notre amour, nous obtenions ce que nous célébrons dans le mystère de la passion de ton Fils. Lui qui… ***— Amen.***

Antienne de la communion

Le Seigneur est mon berger :
je ne manque de rien. Sur des prés
d'herbe fraîche, il me fait reposer.
Il me mène vers les eaux tranquilles
et me fait revivre.
(Ps 22, 1-2)

OU

Les disciples reconnurent
le Seigneur Jésus
à la fraction du pain, alléluia.
(cf. Lc 24, 35)

Prière après la communion

Fortifiés par le don très saint que tu nous fais, Seigneur, nous te rendons grâce et nous implorons ta bonté : que, par le don de ton Esprit, ceux qui ont reçu la force d'en haut aient la grâce de persévérer dans la droiture. Par le Christ, notre Seigneur. — ***Amen.***

INVITATION

On célèbre aujourd'hui saint Médard, invoqué pour avoir du beau temps ou de la pluie. Selon les besoins de la terre, je peux prier pour l'un ou pour l'autre.

COMMENTAIRE

Travail d'approche

Marc 12, 28b-34

Le scribe qui s'avance pour demander à Jésus « Quel est le premier de tous les commandements ? » veut sincèrement connaître sa pensée. C'est pourquoi, en bon maître, Jésus prend le temps de répondre. L'homme est alors saisi de l'intérieur par ce double commandement de l'amour de Dieu et du prochain : aucune offrande extérieure ne lui est comparable. Par quel dialogue avec Jésus allons-nous, comme lui, nous approcher du Royaume ? ■

Nicolas Tarralle, *prêtre assomptionniste*

VENDREDI 9 JUIN 2023

9e SEMAINE DU TEMPS ORDINAIRE COULEUR LITURGIQUE : VERT

Temps ordinaire, *suggestion d'oraisons et d'antiennes n° 33*
ou **saint Éphrem**

Antienne d'ouverture
Mes pensées, dit le Seigneur, sont des pensées de paix et non de malheur. Vous m'invoquerez, je vous écouterai, et de partout je ramènerai vos captifs. (Jr 29, 11.12.14)

Prière
Seigneur notre Dieu, nous t'en prions : accorde-nous la joie de t'appartenir sans réserve, car c'est un bonheur durable et profond de servir constamment le créateur de tout bien. Par Jésus… ***— Amen.***

Lecture

du livre de Tobie (11, 5-17)

« Dieu m'avait frappé, mais voici que je revois mon fils »

En ces jours-là, Anna était assise à l'entrée de la cour et surveillait la route par laquelle son fils était parti. Elle le reconnut qui arrivait et cria à Tobith : « Voici ton fils qui revient, et aussi son compagnon de voyage. » Raphaël dit à Tobie, avant que celui-ci ne s'approche de son père : « J'ai la certitude que ses yeux vont s'ouvrir. Étale sur eux le fiel du poisson ; le remède provoquera la contraction des yeux et en détachera le voile blanchâtre. Ton père retrouvera la vue et verra la lumière. » Anna courut se jeter au

cou de son fils et lui dit : « Je te revois, mon enfant. À présent, je peux mourir ! » Et elle se mit à pleurer. Quant à Tobith, il se leva et franchit l'entrée de la cour en trébuchant. Tobie alla vers lui, le fiel du poisson à la main. Il lui souffla dans les yeux, le saisit et lui dit : « Confiance, père ! » Puis il lui appliqua le remède et en rajouta. Ensuite, de ses deux mains, il lui retira les pellicules en partant du coin des yeux. Tobith se jeta alors au cou de son fils et lui dit en pleurant : « Je te revois, mon enfant, toi, la lumière de mes yeux ! » Et il ajouta : « Béni soit Dieu ! Béni soit son grand nom ! Bénis soient tous ses saints anges ! Que son grand nom soit sur nous ! Bénis soient tous les anges pour tous les siècles ! Car Dieu m'avait frappé, mais voici que je revois mon fils Tobie. »
Tobie entra dans la maison, tout joyeux et bénissant Dieu à pleine voix. Il raconta à son père qu'il avait fait bon voyage, qu'il rapportait l'argent et comment il avait épousé Sarra, la fille de Ragouël : « La voilà qui arrive, ajouta-t-il ; elle est aux portes de Ninive. » Tobith partit à la rencontre de sa belle-fille, aux portes de Ninive ; il était tout joyeux et bénissait Dieu. En le voyant marcher d'un pas ferme et traverser la ville sans que personne le conduise par la main, les habitants furent émerveillés, et Tobith proclamait que Dieu l'avait pris en pitié et lui avait rouvert les yeux. Quand il arriva près de Sarra, la femme de son fils Tobie, il la bénit en disant : « Sois la bienvenue, ma fille ! Béni soit ton Dieu de t'avoir menée vers nous ! Béni soit ton père ! Béni soit mon fils Tobie et bénie sois-tu, ma fille ! Sois la bienvenue dans ta maison, sois comblée de bénédiction et de joie. Entre, ma fille ! » Ce jour-là fut un jour de joie pour les Juifs qui habitaient Ninive.
– Parole du Seigneur.

Psaume 145 (146)

℟ ***Chante, ô mon âme, la louange du Seigneur !***
OU
Alléluia !

Je veux louer le Seigneur tant que je vis,
chanter mes hymnes
pour mon Dieu tant que je dure.
Heureux qui s'appuie sur le Dieu de Jacob,
qui met son espoir
dans le Seigneur son Dieu. ℟

Il garde à jamais sa fidélité,
il fait justice aux opprimés,
aux affamés, il donne le pain ;
le Seigneur délie les enchaînés. ℟

Le Seigneur ouvre les yeux des aveugles,
le Seigneur redresse les accablés,
le Seigneur aime les justes,
le Seigneur protège l'étranger. ℟

Il soutient la veuve et l'orphelin,
il égare les pas du méchant.
D'âge en âge, le Seigneur régnera :
ton Dieu, ô Sion, pour toujours ! ℟

Acclamation de l'Évangile

Alléluia. Alléluia. Si quelqu'un m'aime, il gardera ma parole, dit le Seigneur ; mon Père l'aimera, et nous viendrons vers lui. ***Alléluia.***

Évangile de Jésus Christ

selon saint Marc (12, 35-37)

« Comment les scribes peuvent-ils dire que le Messie est le fils de David ? »

En ce temps-là, quand Jésus enseignait dans le Temple, il déclarait : « Comment les scribes peuvent-ils dire que le Messie est le fils de David ? David lui-même a dit, inspiré par l'Esprit Saint : *Le Seigneur a dit à mon Seigneur : "Siège à ma droite jusqu'à ce que j'aie placé tes ennemis sous tes pieds !"* David lui-même le nomme Seigneur. D'où vient alors qu'il est son fils ? » Et la foule nombreuse l'écoutait avec plaisir.

Prière sur les offrandes

Nous t'en prions, Seigneur, Dieu de majesté : regarde les présents que nous t'offrons, et permets qu'ils nous obtiennent la grâce de te servir et de parvenir ainsi à l'éternité bienheureuse. Par le Christ, notre Seigneur. ***— Amen.***

Antienne de la communion

Amen, je vous le dis : tout ce que
vous demandez dans la prière,
croyez que vous l'avez obtenu, et cela
vous sera accordé, dit le Seigneur.
(Mc 11, 23-24)

OU

Pour moi, il est bon de m'attacher
à Dieu, de mettre mon espoir
dans le Seigneur, mon Dieu.
(cf. Ps 72, 28)

Prière après la communion

Seigneur, nous avons reçu les dons que tu nous as faits dans ce sacrement, et nous te supplions humblement : ton Fils nous a demandé de les célébrer en mémoire de lui, qu'ils augmentent en nous la charité. Par le Christ, notre Seigneur. — ***Amen.***

INVITATION

Je demande à l'Esprit Saint de m'accorder sa force et sa sagesse dans les tâches difficiles de ma journée.

COMMENTAIRE

Écoute active

Marc 12, 35-37

Les autorités du Temple voulaient arrêter Jésus pour qu'il n'enseigne plus. Les pharisiens et les partisans d'Hérode voulaient le piéger avec la question de l'impôt. Les sadducéens voulaient raisonner contre la résurrection mais s'égaraient de bonne foi. Le scribe qui voulait vivre les commandements s'est approché du Royaume. Et la foule nombreuse l'écoute avec plaisir. Parmi elle, cachée, une veuve a préparé son offrande. L'écoute met en action. ■

Nicolas Tarralle*, prêtre assomptionniste*

SAMEDI 10 JUIN 2023

9E SEMAINE DU TEMPS ORDINAIRE COULEUR LITURGIQUE : VERT

Temps ordinaire, *suggestion d'oraisons et d'antiennes n° 34*
ou **bienheureuse Vierge Marie,** *voir p. 76*

4 - 10

Antienne d'ouverture

Ce que dit le Seigneur, c'est la paix pour son peuple et ses fidèles, et pour ceux qui reviennent vers lui. (cf. Ps 84, 9)

Prière

Ranime, nous t'en prions, Seigneur, la volonté de tes fidèles, afin que, plus ardents à rechercher le fruit de l'action divine, ils obtiennent de ta bonté de plus puissants secours. Par Jésus… ***— Amen.***

Lecture

du livre de Tobie (12, 1.5-15.20)

« Et maintenant, bénissez le Seigneur !
Voici que je remonte auprès de celui qui m'a envoyé »

En ces jours-là, quand les noces furent achevées, Tobith appela son fils Tobie et lui dit : « Mon enfant, pense à donner son salaire à ton compagnon de voyage, et ajoute un supplément. » Tobith appela Raphaël et lui dit : « Accepte comme salaire la moitié de tout ce que tu as rapporté, et va, porte-toi bien ! » Alors l'ange les prit tous deux à part et leur dit : « Bénissez Dieu et célébrez-le devant tous les vivants pour le bien qu'il vous a fait. Bénissez-le et chantez son nom. Annoncez à tous les hommes les actions de Dieu comme elles le méritent, et n'hésitez pas à le célébrer. S'il est bon de tenir cachés les secrets d'un roi, il faut révéler les œuvres de Dieu et les célébrer comme elles le méritent. Faites le bien, et le mal ne vous atteindra pas. Mieux vaut prier avec vérité et faire l'aumône avec justice, qu'être riche avec injustice. Mieux vaut faire l'aumône qu'amasser de l'or. L'aumône délivre de la mort et purifie de tout péché. Ceux qui font l'aumône seront rassasiés de vie, tandis que le pécheur et l'homme injuste sont leurs propres ennemis. Je veux vous révéler toute la vérité, sans rien vous cacher. Je viens de vous dire que, s'il est bon de tenir cachés les secrets d'un roi, il faut révéler les œuvres de Dieu comme elles le méritent. Eh bien ! Quand tu priais en même temps que Sarra, c'était moi qui présentais votre prière devant la gloire de Dieu, pour qu'il la garde en mémoire, et je faisais de même lorsque tu enterrais les morts. Quand tu n'as pas hésité à te lever, à laisser ton repas et à partir enterrer un mort, c'est alors que j'ai été envoyé vers toi pour te mettre à l'épreuve, mais Dieu m'a aussi envoyé pour te guérir, ainsi que Sarra, ta belle-fille. Moi, je suis Raphaël, l'un des sept anges qui se tiennent ou se présentent devant la gloire du Seigneur. Et maintenant, bénissez le Seigneur sur la terre ! Célébrez Dieu ! Voici que je remonte auprès de celui qui m'a envoyé. Mettez par écrit tout ce qui vous est arrivé. » Alors l'ange remonta au ciel.

– Parole du Seigneur.

Cantique (Tobie 13, 4, 2, 7, 8abc, 8defg)

℟ ***Béni soit Dieu, le Vivant, à jamais !***

C'est lui qui châtie et prend pitié,
qui fait descendre aux profondeurs
des enfers
et retire de la grande perdition :
nul n'échappe à sa main. ℟

Regardez ce qu'il a fait pour vous,
rendez-lui grâce à pleine voix !
Bénissez le Seigneur de justice,
exaltez le Roi des siècles ! ℟

Et moi, en terre d'exil, je lui rends grâce ;
je montre sa grandeur et sa force
au peuple des pécheurs. ℟

« Revenez, pécheurs,
et vivez devant lui dans la justice.
Qui sait s'il ne vous rendra pas
son amour et sa grâce ! » ℟

Acclamation de l'Évangile

Alléluia. Alléluia. Heureux les pauvres de cœur, car le royaume des Cieux est à eux ! ***Alléluia.***

Évangile de Jésus Christ

selon saint Marc (12, 38-44)

« Cette pauvre veuve a mis dans le Trésor plus que tous les autres »

En ce temps-là, dans son enseignement, Jésus disait : « Méfiez-vous des scribes, qui tiennent à se promener en vêtements d'apparat et qui aiment les salutations sur les places publiques, les sièges d'honneur dans les synagogues, et les places d'honneur dans les dîners. Ils dévorent les biens des veuves et, pour l'apparence, ils font de longues prières : ils seront d'autant plus sévèrement jugés. » Jésus s'était assis dans le Temple en face de la salle du trésor, et regardait comment la foule y mettait de l'argent. Beaucoup de riches y mettaient de grosses sommes. Une pauvre veuve s'avança et mit deux petites pièces de monnaie. Jésus appela ses disciples et leur déclara : « Amen, je vous le dis : cette pauvre veuve a mis dans le Trésor plus que tous les autres. Car tous, ils ont pris sur leur superflu, mais elle, elle a pris sur son indigence : elle a mis tout ce qu'elle possédait, tout ce qu'elle avait pour vivre. »

Prière sur les offrandes

Accueille, Seigneur, les dons très saints que tu nous as demandé de consacrer à ton nom ; et pour qu'ils nous disposent à te plaire, fais-nous toujours obéir à tes commandements. Par le Christ, notre Seigneur. ***— Amen.***

Antienne de la communion

Louez le Seigneur,
tous les peuples : sa miséricorde
envers nous s'est montrée
la plus forte.
(cf. Ps 116, 1-2)

OU

Je suis avec vous tous les jours,
jusqu'à la fin du monde,
dit le Seigneur.
(Mt 28, 20)

Prière après la communion
Nous t'en supplions, Dieu tout-puissant : ne permets pas que soient jamais séparés de toi ceux qui ont la joie de participer à ta vie divine. Par le Christ, notre Seigneur. — ***Amen.***

INVITATION

« Seigneur, je ne suis pas digne de te recevoir. » Quel sens le geste de communion a-t-il pour moi ? Je me prépare à recevoir ce sacrement demain.

COMMENTAIRE

Pour deux petites pièces Marc 12, 38-44

Tous les scribes ne recherchent pas les honneurs en dévorant les biens des veuves. Celui qui a été saisi par le double commandement de l'amour s'est approché du Royaume. Une seule chose lui manque… que seul Jésus voit : le geste de la pauvre veuve. Elle n'a pas eu besoin de vendre ce qu'elle possédait. Dans son indigence, elle a simplement donné tout ce qu'elle avait pour vivre. Elle a donné tout ce qu'elle avait pour vivre le Royaume. ■

Nicolas Tarralle, prêtre assomptionniste

SAMEDI 10 JUIN 2023

Bienheureuse Vierge Marie

Couleur liturgique : blanc ou vert

Les samedis du temps ordinaire sans mémoire obligatoire, on peut faire mémoire de la Vierge Marie, selon une tradition qui honore la foi et l'espérance sans défaut de Marie le Samedi saint.

Antienne d'ouverture

Bienheureuse es-tu, Vierge Marie :
tu as porté le Créateur de l'univers,
tu as mis au monde celui qui t'a faite,
et tu demeures toujours vierge.

Prière

Dieu de miséricorde, viens au secours de notre faiblesse : puisque nous faisons mémoire de la sainte Mère de Dieu, fais que, soutenus par son intercession, nous soyons relevés de nos péchés. Par Jésus… ***— Amen.***

OU

Que vienne à notre aide, Seigneur, nous t'en prions, l'admirable intercession de la bienheureuse Marie toujours vierge ; qu'elle nous obtienne la joie de vivre dans la paix que tu nous donnes, délivrés de tout péril. Par Jésus… ***— Amen.***

Prière sur les offrandes

En rendant hommage à la Mère de ton Fils, Seigneur, nous te supplions : que le sacrifice offert en ce jour fasse de nous, par le don de ta grâce, une éternelle offrande à ta gloire. Par le Christ, notre Seigneur. ***— Amen.***

Préface de la Vierge Marie, p. 221.

Antienne de la communion

Le Puissant fit pour moi des merveilles ; Saint est son nom. (Lc 1, 49)

Prière après la communion

Tu nous as fait participer à la rédemption éternelle, et nous te prions, Seigneur : alors que nous faisons mémoire de la Mère de ton Fils, comble-nous de la plénitude de ta grâce, et fais-nous éprouver toujours davantage les effets du salut. Par le Christ, notre Seigneur. ***— Amen.***

DIMANCHE 11 JUIN 2023

LE SAINT-SACREMENT DU CORPS ET DU SANG DU CHRIST

ANNÉE A – COULEUR LITURGIQUE : BLANC

Quel est donc ce mystère insondable ? Le Christ se donne à nous en nourriture. Il nous a rejoints dans notre humanité, il a vécu notre naissance, notre vie et notre mort. À travers l'eucharistie, il continue à nous accompagner de sa présence. Il nous donne ainsi l'énergie de traverser la vie et de nous préparer à l'au-delà. Aujourd'hui, rassasions-nous de son amour.

RITES INITIAUX

Chant d'entrée *(Suggestions p. 243)*
ou
Antienne d'ouverture
Le Seigneur a nourri son peuple de la fleur du froment,
il l'a rassasié avec le miel du rocher. (cf. Ps 80, 17)

Suggestion de préparation pénitentielle *(ou p. 214)*
Frères et sœurs, chaque jour, le Christ se donne à nous en nourriture. Sa présence nous donne d'avancer sur le chemin de l'amour. Avec confiance, préparons-nous à célébrer le mystère de l'eucharistie, en reconnaissant que nous sommes pécheurs.

Seigneur Jésus, tu as connu nos peines et nos joies, à travers l'eucharistie, tu nous accompagnes au fil des jours. Seigneur, prends pitié.
— Seigneur, prends pitié.
Ô Christ, toi qui promets la résurrection à tous ceux qui marchent dans tes pas, tu nous soutiens à l'heure de l'épreuve et de la tentation. Ô Christ, prends pitié.
— Ô Christ, prends pitié.
Seigneur, toi le pain vivant descendu du ciel, tu nous révèles le visage d'un Dieu solidaire de tous les hommes. Seigneur, prends pitié. ***— Seigneur, prends pitié.***

Que Dieu tout-puissant nous fasse miséricorde ; qu'il nous pardonne nos péchés et nous conduise à la vie éternelle. **— *Amen.***

Gloire à Dieu *(p. 216)*

Prière
Seigneur Jésus Christ, dans cet admirable sacrement, tu nous as laissé le mémorial de ta passion ; donne-nous de vénérer avec une telle ferveur les saints mystères de ton corps et de ton sang, que nous puissions goûter sans cesse en nous le fruit de ta rédemption. Toi qui… **— *Amen.***

LITURGIE DE LA PAROLE

Lecture du livre du Deutéronome (8, 2-3.14b-16a)

« Dieu t'a donné cette nourriture que ni toi ni tes pères n'aviez connue »

Moïse disait au peuple d'Israël : « Souviens-toi de la longue marche que tu as faite pendant quarante années dans le désert ; le Seigneur ton Dieu te l'a imposée pour te faire passer par la pauvreté ; il voulait t'éprouver et savoir ce que tu as dans le cœur : allais-tu garder ses commandements, oui ou non ? Il t'a fait passer par la pauvreté, il t'a fait sentir la faim, et il t'a donné à manger la manne – cette nourriture que ni toi ni tes pères n'aviez connue – pour que tu saches que l'homme ne vit pas seulement de

pain, mais de tout ce qui vient de la bouche du Seigneur. N'oublie pas le Seigneur ton Dieu qui t'a fait sortir du pays d'Égypte, de la maison d'esclavage. C'est lui qui t'a fait traverser ce désert, vaste et terrifiant, pays des serpents brûlants et des scorpions, pays de la sécheresse et de la soif. C'est lui qui, pour toi, a fait jaillir l'eau de la roche la plus dure. C'est lui qui, dans le désert, t'a donné la manne – cette nourriture inconnue de tes pères. » – Parole du Seigneur.

Psaume 147 (147B)

℟ ***Glorifie le Seigneur, Jérusalem !***

T. : AELF ; M. : B. Delattre ; Éd. : ADF.

Glorifie le Seigneur, Jérusalem !
Célèbre ton Dieu, ô Sion !
Il a consolidé les barres de tes portes,
dans tes murs il a béni tes enfants. ℟

Retrouvez ce psaume sur le CD "Les psaumes de l'année A"

Il fait régner la paix à tes frontières,
et d'un pain de froment te rassasie.
Il envoie sa parole sur la terre :
rapide, son verbe la parcourt. ℟

Il révèle sa parole à Jacob,
ses volontés et ses lois à Israël.
Pas un peuple qu'il ait ainsi traité ;
nul autre n'a connu ses volontés. ℟

Lecture de la première lettre de saint Paul apôtre aux Corinthiens (10, 16-17)

« Puisqu'il y a un seul pain,
la multitude que nous sommes est un seul corps »

Frères, la coupe de bénédiction que nous bénissons, n'est-elle pas communion au sang du Christ ? Le pain que nous rompons, n'est-il pas communion au corps du Christ ? Puisqu'il y a un seul pain, la multitude que nous sommes est un seul corps, car nous avons tous part à un seul pain.
– Parole du Seigneur.

Séquence

*Cette séquence (ad libitum) peut être dite intégralement ou sous une forme abrégée à partir de : *Le voici, le pain des anges.*

Sion, célèbre ton Sauveur,
chante ton chef et ton pasteur
par des hymnes et des chants.

Tant que tu peux, tu dois oser,
car il dépasse tes louanges,
tu ne peux trop le louer.

Le Pain vivant, le Pain de vie,
il est aujourd'hui proposé
comme objet de tes louanges.

Au repas sacré de la Cène,
il est bien vrai qu'il fut donné
au groupe des douze frères.

Louons-le à voix pleine et forte,
que soit joyeuse et rayonnante
l'allégresse de nos cœurs !

C'est en effet la journée
solennelle
où nous fêtons de ce banquet divin
la première institution.

À ce banquet du nouveau Roi,
la Pâque de la Loi nouvelle
met fin à la Pâque ancienne.

L'ordre ancien le cède
au nouveau,
la réalité chasse l'ombre,
et la lumière, la nuit.

Ce que fit le Christ à la Cène,
il ordonna qu'en sa mémoire
nous le fassions après lui.

Instruits par son précepte saint,
nous consacrons le pain,
le vin,
en victime de salut.

C'est un dogme
pour les chrétiens
que le pain se change
en son corps,
que le vin devient son sang.

Ce qu'on ne peut comprendre
et voir,
notre foi ose l'affirmer,
hors des lois de la nature.

L'une et l'autre de ces espèces,
qui ne sont que de purs signes,
voilent un réel divin.

Sa chair nourrit,
son sang abreuve,
mais le Christ
tout entier demeure
sous chacune des espèces.

On le reçoit sans le briser,
le rompre ni le diviser;
il est reçu tout entier.

Qu'un seul ou mille
communient,
il se donne à l'un comme
aux autres,
il nourrit sans disparaître.

Bons et mauvais le consomment,
mais pour un sort bien différent,
pour la vie ou pour la mort.

Mort des pécheurs,
vie pour les justes;
vois : ils prennent pareillement;
quel résultat différent!

Si l'on divise les espèces,
n'hésite pas, mais souviens-toi
qu'il est présent
dans un fragment
aussi bien que dans le tout.

Le signe seul est partagé,
le Christ n'est en rien divisé,
ni sa taille ni son état
n'ont en rien diminué.

* Le voici, le pain des anges,
il est le pain de l'homme
en route,
le vrai pain des enfants
de Dieu,
qu'on ne peut jeter aux chiens.

D'avance il fut annoncé
par Isaac en sacrifice,
par l'agneau pascal immolé,
par la manne de nos pères.

Ô bon Pasteur, notre vrai pain,
ô Jésus, aie pitié de nous,
nourris-nous et protège-nous,
fais-nous voir
les biens éternels
dans la terre des vivants.

Toi qui sais tout et qui peux tout,
toi qui sur terre nous nourris,
conduis-nous au banquet du ciel
et donne-nous ton héritage,
en compagnie de tes saints.
Amen.

Acclamation de l'Évangile

Alléluia. Alléluia. Moi, je suis le pain vivant, qui est descendu du ciel, dit le Seigneur ; si quelqu'un mange de ce pain, il vivra éternellement. ***Alléluia.***

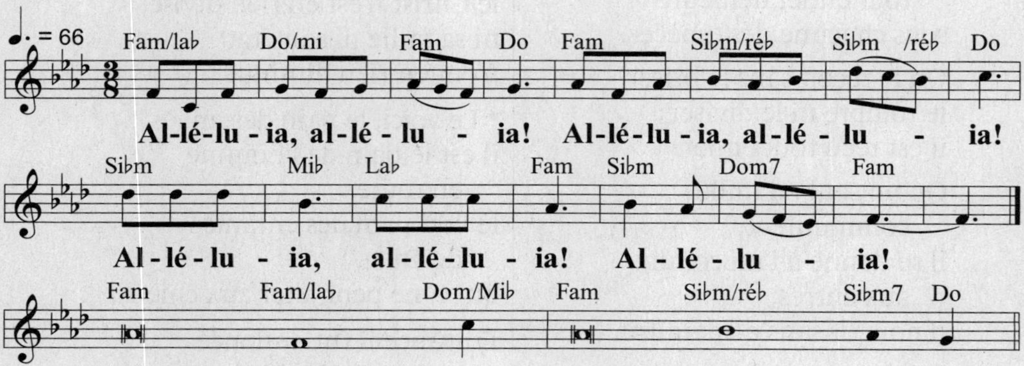

T. : AELF ; M. : P. Robert.

Évangile de Jésus Christ selon saint Jean (6, 51-58)

« Ma chair est la vraie nourriture, et mon sang est la vraie boisson »

En ce temps-là, Jésus disait aux foules des Juifs : « Moi, je suis le pain vivant, qui est descendu du ciel : si quelqu'un mange de ce pain, il vivra éternellement. Le pain que je donnerai, c'est ma chair, donnée pour la vie du monde. » Les Juifs se querellaient entre eux : « Comment celui-là peut-il nous donner sa chair à manger ? » Jésus leur dit alors : « Amen, amen, je vous le dis : si vous ne mangez pas la chair du Fils de l'homme, et si vous ne buvez pas son sang, vous n'avez pas la vie en vous. Celui qui mange ma chair et boit mon sang a la vie éternelle ; et moi, je le ressusciterai au dernier jour. En effet, ma chair est la vraie nourriture, et mon sang est la vraie boisson. Celui qui mange ma chair et boit mon sang demeure en moi, et moi, je demeure en lui. De même que le Père, qui est vivant, m'a envoyé, et que moi je vis par le Père, de même celui qui me mange, lui aussi vivra par moi. Tel est le pain qui est descendu du ciel : il n'est pas comme celui que les pères ont mangé. Eux, ils sont morts ; celui qui mange ce pain vivra éternellement. »

Homélie

Profession de foi *(p. 217)*

Suggestion de prière universelle

Le prêtre :

En cette solennité du Saint-Sacrement, tournons-nous vers Dieu notre Père, prions-le pour tous les hommes et femmes de notre temps.

℟ ***Accueille au creux de tes mains la prière de tes enfants.***

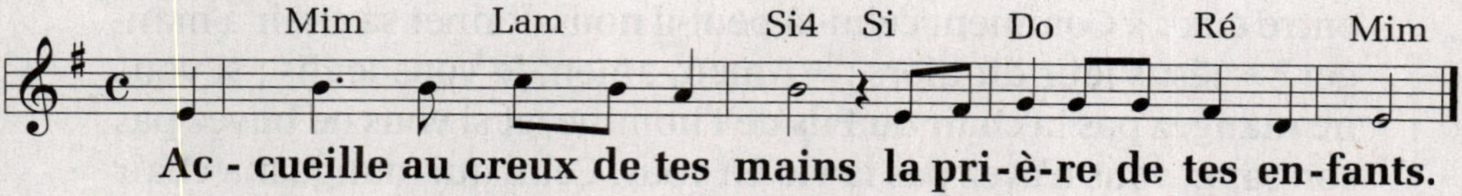

Y24-61 ; P. et M. G. Gafah ; Le Triforium.

Le diacre ou un lecteur :

Béni sois-tu, Dieu notre Père, pour tous les chrétiens qui se donnent sans relâche pour partager, à tous, le don de l'eucharistie. Nous te prions pour celles et ceux qui se dévouent pour nos célébrations. Écoute-nous, Père de la joie. ℟

Béni sois-tu, Dieu notre Père, pour celles et ceux qui, en ce printemps, communient pour la première fois. Nous te prions pour leurs catéchistes et pour tous ceux qui se tiennent à leurs côtés. Écoute-nous, Dieu notre Père. ℟

Béni sois-tu, Dieu notre Père, pour tous ceux qui se battent pour l'abolition de la torture. Nous te prions pour que les responsables politiques s'y engagent concrètement. Écoute-nous, Père de tout réconfort. ℟

Béni sois-tu, Dieu notre Père, pour les personnes de notre assemblée qui se rendent au chevet des malades. Nous te prions pour celles et ceux qui souffrent de solitude, afin qu'ils soient réconfortés par ces visites. Écoute-nous, Père de toute consolation. ℟

(Ces intentions seront adaptées ou modifiées selon les circonstances.)

Le prêtre :

Dieu notre Père, toi dont le Fils demeure parmi nous à travers le don de son corps et de son sang, exauce toutes nos prières, par le Christ, notre Seigneur. ***— Amen.***

LITURGIE EUCHARISTIQUE

Prière sur les offrandes

Nous t'en prions, Seigneur, dans ta bonté accorde à ton Église les dons de l'unité et de la paix, signifiés mystérieusement par les présents que nous t'offrons. Par le Christ, notre Seigneur. ***— Amen.***

Prière eucharistique *(Préface de la Sainte Eucharistie)*

Vraiment, il est juste et bon, pour ta gloire et notre salut, de t'offrir notre action de grâce, toujours et en tout lieu, Seigneur, Père très saint, Dieu éternel et tout-puissant, par le Christ, notre Seigneur. Lors du dernier repas qu'il partageait avec ses Apôtres, voulant perpétuer la mémoire du salut par la croix, il s'est offert à toi, comme l'Agneau sans tache, et tu as accueilli son sacrifice de parfaite louange. Quand tes fidèles communient à ce mystère incomparable, tu les sanctifies, pour que la famille humaine, habitant un même univers, soit éclairée par une même foi et réunie par une même charité. Nous venons donc à la table de cet admirable sacrement pour être imprégnés de la douceur de ta grâce, et transformés à l'image de ce que nous serons au ciel. C'est pourquoi le ciel et la terre t'adorent ; ils te chantent le cantique nouveau, et nous-mêmes, unissant notre voix à celle des anges, nous t'acclamons : ***Saint ! Saint ! Saint…***

Chant de communion *(Suggestions p. 243)*

OU

Antienne de la communion

Celui qui mange ma chair
et boit mon sang demeure en moi,
et moi en lui, dit le Seigneur. (Jn 6, 56)

Prière après la communion

Nous t'en prions, Seigneur Jésus Christ : donne-nous de goûter pleinement à ta vie divine dans l'éternité, ce que préfigure dans le temps la communion à ton corps et à ton sang précieux. Toi qui… ***— Amen.***

RITE DE CONCLUSION

Bénédiction et envoi

COMMENTAIRE DU DIMANCHE

Marie-Dominique Trébuchet, théologienne
(Institut catholique de Paris)

« Je me souviens »

C'est en ce jour de la fête du Saint-Sacrement que nous sommes particulièrement appelés à dire : « Je me souviens. » Comme nous le rappelle le livre du Deutéronome, dire « Je me souviens », c'est vivre de la nourriture reçue, la reconnaître comme unique, libératrice, reçue de Dieu, porteuse de vie.

Avoir part au corps et au sang du Seigneur nous introduit toujours nouvellement à la vie même de Dieu parce que nous y faisons mémoire, dans le présent de nos existences, de celui-là même qui est visage (sacrement) de Dieu. Autrefois Fête-Dieu, la fête est celle du mystère par lequel Jésus Christ, en se donnant, révèle le Père. Augustin disait que Jésus Christ est premier sacrement, c'est-à-dire source de tous les sacrements qui se •••

••• rapportent à lui en étant signes efficaces de sa grâce. C'est lui, le Christ, Parole faite chair, auquel nous avons part dans l'eucharistie, et par lequel nous sommes rendus présents à l'amour, reconstitués par l'amour. Saint Paul a cette phrase magnifique : « Puisqu'il n'y a qu'un seul pain, la multitude que nous sommes est un seul corps. » Ce qui nous fait comprendre que nous recevons notre unité, donc notre vie, du don de Dieu. Nous ne partageons vraiment le pain que si nous nous laissons transformer en disant : « Je me souviens que j'appartiens à ce corps de salut et cela change ma vie. »

Ma démarche sacramentelle nourrit ma foi. La dimension communautaire est-elle présente ?

Comment la liturgie m'aide-t-elle à en percevoir la teneur de communion au seul pain qui nous constitue comme corps ? ■

Prions en Église junior

LIRE L'ÉVANGILE AVEC LES ENFANTS

CE QUE JE DÉCOUVRE

Aux Juifs qui l'écoutent, Jésus propose de vivre éternellement. Mais ils sont bien trop occupés à se disputer pour accueillir ses paroles. **Pour avoir la vie éternelle, nous sommes invités à accueillir Jésus.** Il nous donne sa vie dans le service des plus pauvres, dans la lecture de la Bible, dans les sacrements. Manger sa chair et boire son sang, c'est entrer dans l'intimité du Fils de Dieu, comme nous le faisons à chaque messe.

CE QUE JE VIS

Comment te sens-tu pendant la messe ? Selon toi, quel moment est le plus important ? Quel est celui que tu préfères ? **Dessine-le sur une feuille, que tu peux ensuite déposer dans ton coin prière.**

Texte : Pierre-Marie Leroy. Illustrations : Marcelino Truong

MÉDITATION BIBLIQUE

LE SAINT-SACREMENT DU CORPS ET DU SANG DU CHRIST

Première lettre aux Corinthiens 10, 16-17

La diversité de l'unité

En cette fête du Saint-Sacrement, la liturgie propose deux versets de Paul qui peuvent revivifier notre pratique de la communion eucharistique. Ne s'agit-il pas, comme le dit saint Augustin, de devenir ce que nous recevons, le corps du Christ, un corps unique composé de membres divers et indispensables les uns aux autres ?

Le temps de la préparation

« À toute chair, il donne le pain, éternel est son amour ! » (Ps 135, 25)

Le temps de l'observation

Il est important de resituer dans leur contexte les versets qui nous occupent. L'enjeu se révèle être le suivant : communion au Christ ou communion aux idoles dans une culture où de la viande était offerte à ces dernières dans le cadre de sanctuaires dédiés, avant d'être consommée. Communier au corps et au sang du Christ, lors de la célébration eucharistique, est donc un engagement qui revient à le choisir, non simplement comme un modèle à imiter mais comme celui à qui l'on veut s'unir pour vivre une communauté de destin : « Celui qui s'unit au Seigneur ne fait avec lui qu'un seul esprit » (1 Co 6, 17) ; « Celui qui mange ma chair et boit mon sang demeure en moi, et moi, je demeure en lui » (Jn 6, 56). Et c'est de cette unité avec le Christ que découle l'unité entre les chrétiens. Une unité qui ne se réduit pas à des questions de sympathies ou d'antipathies, d'affinités, de sentiments, mais qui trouve sa source en lui.

Le temps de la méditation

« L'Église fait l'eucharistie, et l'eucharistie fait l'Église », écrivait Henri de Lubac. Nous célébrons, certes, mais c'est bien le corps et le sang du Christ reçus dans la communion eucharistique qui font de nous son peuple, son assemblée sainte, son corps. Les versets de Paul appellent la lecture des chapitres 12 et 13 de cette même lettre aux Corinthiens : le premier traitant de l'unité et de la diversité des membres du corps du Christ ; le second, de la charité, laquelle a toujours une dimension pascale, exodale. Car l'unité dont il est question n'a rien à voir avec une fusion négatrice des singularités. Voilà qui nous invite enfin à ne pas réduire l'Église à sa seule hiérarchie ou à ses seules dimensions institutionnelles et juridiques, mais à la vivre comme une communauté en marche, impliquée dans une aventure qui la dépasse et dont nous sommes pleinement partie prenante.

Le temps de la prière

« Que la grâce vienne
et que ce monde passe. »
(Didachè, Ier siècle) ■

Emmanuelle Billoteau, ermite

DES IMAGES POUR LA FOI

SAINT-SACREMENT

Maître et Serviteur

Une plaque d'ivoire sur laquelle deux moments du dernier repas de Jésus avant sa Passion sont rassemblés : la Cène et le lavement des pieds.

Inspiré des représentations venues de Constantinople, c'est un Christ majestueux qui préside cette dernière Cène. Vêtu d'une toge aux plis élégants, la tête encadrée par une large auréole crucifère, il tient d'une main le rouleau des Écritures – Jésus en est l'accomplissement – et, de l'autre, bénit les douze pains disposés sur la nappe ainsi que le poisson au centre de la table. La scène est déjà éclairée par la lumière de Pâques : ces *aliments* nous rappellent ceux que Jésus partagera avec ses disciples au bord du lac, après sa résurrection (Jn 21, 9-13). Assis à table, les disciples regardent leur Maître avec étonnement ou échangent entre eux. Sept d'entre eux se retrouvent à nouveau dans la partie inférieure de l'image pour le lavement des pieds. Leurs attitudes comme leurs yeux faits de petites perles de verre expriment la difficulté qu'ils ont à comprendre Jésus. Malgré son « rang qui l'égale à Dieu », leur Maître et Seigneur s'incline avec humanité ; s'étant ceint d'un tablier il prend « la condition du serviteur » (cf. Ph 2, 6-7). Jésus révèle ainsi le sens profond de sa Passion et de son repas. ■

Dominique Pierre, journaliste

Cène et lavement des pieds

Détail d'une plaque d'ivoire (XIe-XIIe siècles), musée du Duomo, Salerne (Italie).

LUNDI 12 JUIN 2023

10E SEMAINE DU TEMPS ORDINAIRE COULEUR LITURGIQUE : VERT

Temps ordinaire, *suggestion d'oraisons et d'antiennes n° 1*

Antienne d'ouverture

J'ai vu un homme qui siégeait sur un trône élevé ;
la multitude des anges l'adore en chantant d'une seule voix :
« Voici celui dont l'empire a un nom éternel. »

Prière

Aux appels de ton peuple en prière, réponds, Seigneur, en ta tendresse : donne à chacun la claire vision de ce qu'il doit faire et la force de l'accomplir. Par Jésus…
— Amen.

Lecture

de la deuxième lettre de saint Paul apôtre aux Corinthiens (1, 1-7)

« Dieu nous réconforte ;
ainsi, nous pouvons réconforter tous ceux qui sont dans la détresse »

Paul, apôtre du Christ Jésus par la volonté de Dieu, et Timothée notre frère, à l'Église de Dieu qui est à Corinthe ainsi qu'à tous les fidèles qui sont par toute la Grèce. À vous, la grâce et la paix de la part de Dieu notre Père et du Seigneur Jésus Christ. Béni soit Dieu, le Père de notre Seigneur Jésus Christ, le Père plein de tendresse, le Dieu de qui vient tout réconfort*. Dans toutes nos détresses, il nous réconforte ; ainsi,

nous pouvons réconforter tous ceux qui sont dans la détresse, grâce au réconfort que nous recevons nous-mêmes de Dieu. En effet, de même que nous avons largement part aux souffrances du Christ, de même, par le Christ, nous sommes largement réconfortés. Quand nous sommes dans la détresse, c'est pour que vous obteniez le réconfort et le salut ; quand nous sommes réconfortés, c'est encore pour que vous obteniez le réconfort, et cela vous permet de supporter avec persévérance les mêmes souffrances que nous. En ce qui vous concerne, nous avons de solides raisons d'espérer, car, nous le savons, de même que vous avez part aux souffrances, de même vous obtiendrez le réconfort. – Parole du Seigneur.

Psaume 33 (34)

℟ ***Goûtez et voyez comme est bon le Seigneur !***

Je bénirai le Seigneur en tout temps,
sa louange sans cesse à mes lèvres.
Je me glorifierai dans le Seigneur :
que les pauvres m'entendent
et soient en fête ! ℟

Magnifiez avec moi le Seigneur,
exaltons tous ensemble son nom.
Je cherche le Seigneur, il me répond :
de toutes mes frayeurs, il me délivre. ℟

Qui regarde vers lui resplendira,
sans ombre ni trouble au visage.
Un pauvre crie ; le Seigneur entend :
il le sauve de toutes ses angoisses. ℟

L'ange du Seigneur campe alentour
pour libérer ceux qui le craignent.
Goûtez et voyez : le Seigneur est bon !
Heureux qui trouve en lui son refuge ! ℟

Acclamation de l'Évangile

Alléluia. Alléluia. Réjouissez-vous, soyez dans l'allégresse, car votre récompense est grande dans les cieux ! ***Alléluia.***

Évangile de Jésus Christ

selon saint Matthieu (5, 1-12)

« Heureux les pauvres de cœur »

En ce temps-là, voyant les foules, Jésus gravit la montagne. Il s'assit, et ses disciples s'approchèrent de lui. Alors, ouvrant la bouche, il les enseignait. Il disait :
« Heureux les pauvres de cœur, car le royaume des Cieux est à eux. Heureux ceux qui pleurent, car ils seront consolés. Heureux les doux, car ils recevront la terre en héritage. Heureux ceux qui ont faim et soif de la justice, car ils seront rassasiés. Heureux les miséricordieux, car ils obtiendront miséricorde. Heureux les cœurs purs, car ils verront Dieu. Heureux les artisans de paix, car ils seront appelés fils de Dieu. Heureux ceux qui sont persécutés pour la justice, car le royaume des Cieux est à eux. Heureux êtes-vous si l'on vous insulte, si l'on vous persécute et si l'on dit faussement toute sorte de mal contre vous, à cause de moi. Réjouissez-vous, soyez dans l'allégresse, car votre récompense est grande dans les cieux ! C'est ainsi qu'on a persécuté les prophètes qui vous ont précédés. »

Prière sur les offrandes

Que l'offrande de ton peuple te soit agréable, nous t'en prions, Seigneur : qu'elle le fasse grandir en sainteté, et lui obtienne ce qu'il demande avec ferveur. Par le Christ, notre Seigneur. ***— Amen.***

Antienne de la communion

Seigneur, en toi est la source
de vie ; par ta lumière,
nous voyons la lumière.
(Ps 35, 10)

OU

Je suis venu pour qu'ils aient la vie,
la vie en abondance, dit le Seigneur.
(Jn 10, 10)

Prière après la communion

Dieu tout-puissant, nous t'en supplions : tu refais nos forces par tes sacrements, donne-nous aussi de pouvoir dignement te servir par une vie qui te plaise. Par le Christ, notre Seigneur. ***— Amen.***

INVITATION

En chemin vers la sainteté ! Les Béatitudes peuvent inspirer mes gestes et mes paroles, cette semaine.

COMMENTAIRE

Bienheureuse tendresse 2 Corinthiens 1, 1-7 ; Matthieu 5, 1-12

« Il y a une grande tendresse dans l'expérience de l'amour de Dieu », affirme le pape François, faisant écho à la lettre de saint Paul aux chrétiens de Corinthe. Les Béatitudes déploient cette tendresse comme un voile de bienveillance et de douceur sur les situations les plus éprouvantes de nos vies. En son Fils, Dieu traverse ce qu'il y a de plus fragile en nous. Il transfigure nos larmes, lui « de qui vient tout réconfort ». ■

***Bénédicte de la Croix**, cistercienne*

❊ CLÉ DE LECTURE

« Tout réconfort » 2 Corinthiens 1, 3 *(p. 96)*

Dans ce début de lettre, le vocabulaire du réconfort revient neuf fois (dix en grec). Alors qu'on attend ici, comme dans d'autres lettres, une action de grâce (« eucharistia ») pour tout ce que Dieu donne aux siens, on apprend que la petite Église de Corinthe se divise. Querelles et jalousies sont partout : comment rendre grâce ? Paul fait appel à la bénédiction de forme juive : Dieu nous veut du bien, nous comble de bien, il vient nous chercher au fond de notre misère, de nos échecs, de nos découragements, il nous relève, il nous exhorte. Car le vocabulaire du réconfort (« paraklèsis ») est aussi celui de l'exhortation, de l'encouragement, il désigne celui qui nous défend, le Paraclet. On le retrouve dans les Béatitudes, qui disent aux accablés : Heureux ! Debout ! ■

***Roselyne Dupont-Roc**, bibliste*

MARDI 13 JUIN 2023

10E SEMAINE DU TEMPS ORDINAIRE COULEUR LITURGIQUE : BLANC

Saint Antoine de Padoue

XIIIe siècle. Ce grand prédicateur franciscain, né à Lisbonne, a été proclamé « docteur évangélique de l'Église » par Pie XII en 1946. Un des saints les plus populaires.

Antienne d'ouverture

Que tes prêtres soient vêtus de justice, que tes fidèles crient de joie !

(cf. Ps 131, 9)

Prière

Dieu éternel et tout-puissant, en saint Antoine de Padoue, tu as donné à ton peuple un grand prédicateur de l'Évangile et un recours en toute nécessité ; permets qu'avec son aide, et fidèles à ses leçons de vie chrétienne, nous ressentions dans toutes nos épreuves le bienfait de ton secours. Par Jésus… — ***Amen.***

11 - 17

Lecture

de la deuxième lettre de saint Paul apôtre aux Corinthiens (1, 18-22)

« Le Christ Jésus n'a pas été "oui et non" ; il n'a été que "oui" »

Frères, Dieu en est garant, la parole que nous vous adressons n'est pas « oui et non ». Car le Fils de Dieu, le Christ Jésus, que nous avons annoncé parmi vous, Silvain et Timothée, avec moi, n'a pas été « oui et non » ; il n'a été que « oui ». Et toutes les promesses de Dieu ont trouvé leur « oui » dans sa personne. Aussi est-ce par le Christ que nous disons à Dieu notre « amen », notre « oui », pour sa gloire. Celui qui nous rend solides pour le Christ dans nos relations avec vous, celui qui nous a consacrés*, c'est

Dieu ; il nous a marqués de son sceau, et il a mis dans nos cœurs l'Esprit, première avance sur ses dons.
– Parole du Seigneur.

Psaume 118 (119)

℟ ***Pour ton serviteur, que ton visage s'illumine, Seigneur !***

Quelle merveille, tes exigences,
aussi mon âme les garde !
Déchiffrer ta parole illumine,
et les simples comprennent. ℟

La bouche grande ouverte, j'aspire,
assoiffé de tes volontés.
Aie pitié de moi, regarde-moi :
tu le fais pour qui aime ton nom. ℟

Que ta promesse assure mes pas :
qu'aucun mal ne triomphe de moi !
Pour ton serviteur que ton visage s'illumine :
apprends-moi tes commandements. ℟

Acclamation de l'Évangile

Alléluia. Alléluia. Que votre lumière brille devant les hommes : alors, voyant ce que vous faites de bien, ils rendront gloire à votre Père. ***Alléluia.***

Évangile de Jésus Christ

selon saint Matthieu (5, 13-16)

« Vous êtes le sel de la terre »

En ce temps-là, Jésus disait à ses disciples : « Vous êtes le sel de la terre. Mais si le sel devient fade, comment lui rendre de la saveur ? Il ne vaut plus rien : on le jette dehors et il est piétiné par les gens. Vous êtes la

lumière du monde. Une ville située sur une montagne ne peut être cachée. Et l'on n'allume pas une lampe pour la mettre sous le boisseau ; on la met sur le lampadaire, et elle brille pour tous ceux qui sont dans la maison. De même, que votre lumière brille devant les hommes : alors, voyant ce que vous faites de bien, ils rendront gloire à votre Père qui est aux cieux. »

Prière sur les offrandes

Regarde, Seigneur, les offrandes déposées sur ton autel en l'honneur de saint Antoine de Padoue ; et, comme tu lui as donné la gloire par ces saints mystères, accorde-nous largement ton pardon. Par le Christ, notre Seigneur. — ***Amen.***

Antienne de la communion

Voici le serviteur fidèle et avisé
que le maître a établi sur sa maison,
pour donner à chacun, en temps
voulu, sa part de blé. (cf. Lc 12, 42)
OU Heureux le serviteur que son
maître, en arrivant, trouvera vigilant !
Amen, je vous le déclare : il l'établira
sur tous ses biens. (cf. Mt 24, 46-47)

Prière après la communion

Par cette communion à la table du ciel, Dieu tout-puissant, raffermis et augmente les forces d'en haut en tous ceux qui célèbrent la fête de saint Antoine de Padoue ; aide-nous à garder dans son intégrité le don de la foi, et à marcher sur le chemin du salut qui nous est proposé. Par le Christ, notre Seigneur. — ***Amen.***

INVITATION

Et si j'envoyais à un proche le message suivant : « Tu es la lumière du monde ! » ?

COMMENTAIRE

Petit salé Matthieu 5, 13-16

Dans l'ancienne liturgie baptismale, avant la triple ablution d'eau « au nom du Père, et du Fils, et du Saint-Esprit », le prêtre déposait un grain de sel sur la langue du tout-petit, accompagné par ces paroles : « Reçois le sel de la sagesse. » Même si ce rite n'est plus pratiqué, il reste expressif. Nos paroles et nos actes seront savoureux pour les autres à la mesure de notre attachement au Christ, sur lequel le baptême nous a greffés. ■

Bénédicte de la Croix, *cistercienne*

✻ CLÉ DE LECTURE

« Consacrés » 2 Corinthiens 1, 21 *(p. 101)*

On peut regretter que la traduction fasse disparaître sous le terme « consacrés » un verbe grec beaucoup plus précis, « oints », qui est celui sur lequel est formé le mot « Christ » (« khriô »). D'autant plus qu'il suit immédiatement l'expression : « Il nous a rendus solides avec vous pour le Christ et nous a oints. » On pourrait alors traduire par « et nous a christifiés », rendus conformes au Christ. Et cela n'est pas vrai des Apôtres seuls ; c'est « avec vous », les Corinthiens, les croyants, que les Apôtres ont été affermis pour marcher vers le Christ et être configurés à lui, pour former, avait déjà écrit Paul, le « corps du Christ ». C'est Dieu qui marque ainsi de son sceau ceux qui entrouvrent leur cœur à son Esprit, et commencent leur longue route vers le Christ. ■

Roselyne Dupont-Roc, *bibliste*

MERCREDI 14 JUIN 2023

10E SEMAINE DU TEMPS ORDINAIRE COULEUR LITURGIQUE : VERT

Temps ordinaire, *suggestion d'oraisons et d'antiennes n° 2*

Antienne d'ouverture

Toute la terre se prosterne devant toi, qu'elle chante pour toi, qu'elle chante un psaume pour ton nom, Dieu très-haut. (cf. Ps 65, 4)

Prière

Dieu éternel et tout-puissant, qui régis et le ciel et la terre, exauce, en ta bonté, les supplications de ton peuple et donne à notre temps la paix qui vient de toi. Par Jésus… ***— Amen.***

11 - 17

Lecture

de la deuxième lettre de saint Paul apôtre aux Corinthiens (3, 4-11)

« Il nous a rendus capables d'être les ministres d'une Alliance nouvelle, fondée non pas sur la lettre mais dans l'Esprit »

Frères, si nous avons une telle confiance en Dieu par le Christ, ce n'est pas à cause d'une capacité personnelle que nous pourrions nous attribuer : notre capacité vient de Dieu. Lui nous a rendus capables d'être les ministres d'une Alliance nouvelle, fondée non pas sur la lettre mais dans l'Esprit ; car la lettre tue, mais l'Esprit donne la vie. Le ministère de la mort, celui de la Loi gravée en lettres sur des pierres, avait déjà une telle gloire que les fils d'Israël ne pouvaient pas fixer le visage de Moïse

à cause de la gloire, pourtant passagère, qui rayonnait de son visage. Combien plus grande alors sera la gloire du ministère de l'Esprit ! Le ministère qui entraînait la condamnation, celui de la Loi, était déjà rayonnant de gloire ; combien plus grande sera la gloire du ministère qui fait de nous des justes ! Non, vraiment, ce qui, dans une certaine mesure, a été glorieux ne l'est plus, parce qu'il y a maintenant une gloire incomparable. Si, en effet, ce qui était passager a connu un moment de gloire, combien plus ce qui demeure restera-t-il dans la gloire ! – Parole du Seigneur.

Psaume 98 (99)

℟ ***Tu es saint, Seigneur notre Dieu !***

Exaltez le Seigneur notre Dieu,
prosternez-vous au pied de son trône,
car il est saint ! ℟

Moïse et le prêtre Aaron,
Samuel, le Suppliant,
tous, ils suppliaient le Seigneur,
et lui leur répondait. ℟

Dans la colonne de nuée, il parlait avec eux ;
ils ont gardé ses volontés,
les lois qu'il leur donna. ℟

Seigneur notre Dieu, tu leur as répondu :
avec eux, tu restais un Dieu patient,
mais tu les punissais pour leurs fautes. ℟

Exaltez le Seigneur notre Dieu,
prosternez-vous devant
sa sainte montagne,
car il est saint, le Seigneur notre Dieu. ℟

Acclamation de l'Évangile

Alléluia. Alléluia. Fais-moi connaître ta route, mon Dieu ; dirige-moi par ta vérité. ***Alléluia.***

Évangile de Jésus Christ

selon saint Matthieu (5, 17-19)

« Je ne suis pas venu abolir, mais accomplir »

En ce temps-là, Jésus disait à ses disciples : « Ne pensez pas que je sois venu abolir la Loi ou les Prophètes : je ne suis pas venu abolir, mais accomplir. Amen, je vous le dis : Avant que le ciel et la terre disparaissent, pas un seul iota, pas un seul trait ne disparaîtra de la Loi jusqu'à ce que tout se réalise. Donc, celui qui rejettera un seul de ces plus petits commandements, et qui enseignera aux hommes à faire ainsi, sera déclaré le plus petit dans le royaume des Cieux. Mais celui qui les observera et les enseignera, celui-là sera déclaré grand dans le royaume des Cieux. »

Prière sur les offrandes

Accorde-nous, Seigneur, nous t'en prions, de participer dignement à ces mystères, car chaque fois qu'est célébré ce sacrifice en mémorial, c'est l'œuvre de notre rédemption qui s'accomplit. Par le Christ, notre Seigneur. — ***Amen.***

Antienne de la communion

Tu prépares la table pour moi ;
la coupe qui m'enivre,
comme elle est admirable !
(cf. Ps 22, 5)

OU

Nous avons reconnu l'amour
que Dieu a pour nous,
et nous y avons cru. (1 Jn 4, 16)

Prière après la communion

Répands en nous, Seigneur, ton Esprit de charité, afin d'unir dans un même amour ceux que tu as nourris du même pain du ciel. Par le Christ, notre Seigneur. — ***Amen.***

INVITATION

Dimanche, c'est la fête des Pères.
Je peux prier Notre Père en lui confiant tous les papas.

COMMENTAIRE

Un ministre accompli 2 Corinthiens 3, 4-11

Saint Paul parle d'expérience lorsqu'il écrit que « la lettre tue, mais l'Esprit donne la vie », lui qui persécutait violemment les chrétiens au nom même de la loi de Dieu. Sa rencontre avec le Christ ressuscité sur le chemin de Damas lui a ouvert les yeux et le cœur. En Jésus de Nazareth, il a reconnu le Fils de Dieu, celui qui vient « accomplir » les Écritures dans la liberté de l'Esprit, faisant de lui « le ministre d'une Alliance nouvelle ». ■

Bénédicte de la Croix, *cistercienne*

JEUDI 15 JUIN 2023

10E SEMAINE DU TEMPS ORDINAIRE COULEUR LITURGIQUE : VERT

Temps ordinaire, *suggestion d'oraisons et d'antiennes n° 3*

Antienne d'ouverture

Chantez au Seigneur un chant nouveau, chantez au Seigneur, terre entière. Devant lui, splendeur et majesté, dans son sanctuaire, puissance et beauté. (Ps 95, 1.6)

Prière

Dieu éternel et tout-puissant, dans ta bienveillance, dirige nos actions, afin qu'au nom de ton Fils bien-aimé, nous portions des fruits en abondance. Par Jésus…

— Amen.

11 - 17

Lecture

de la deuxième lettre de saint Paul apôtre aux Corinthiens (3, 15 – 4, 1.3-6)

« Dieu a lui-même brillé dans nos cœurs pour faire resplendir la connaissance de sa gloire »

Frères, aujourd'hui encore, quand les fils d'Israël lisent les livres de Moïse, un voile couvre leur cœur. Quand on se convertit au Seigneur, le voile est enlevé. Or, le Seigneur, c'est l'Esprit*, et là où l'Esprit du Seigneur est présent, là est la liberté. Et nous tous qui n'avons pas de voile sur le visage, nous reflétons la gloire du Seigneur, et nous sommes transformés en son image avec une gloire de plus en plus grande, par l'action du

Seigneur qui est Esprit. C'est pourquoi, ayant reçu ce ministère par la miséricorde de Dieu, nous ne perdons pas courage. Et même si l'Évangile que nous annonçons reste voilé, il n'est voilé que pour ceux qui vont à leur perte, pour les incrédules dont l'intelligence a été aveuglée par le dieu mauvais de ce monde ; celui-ci les empêche de voir clairement, dans la splendeur de l'Évangile, la gloire du Christ, lui qui est l'image de Dieu. En effet, ce que nous proclamons, ce n'est pas nous-mêmes ; c'est ceci : Jésus Christ est le Seigneur ; et nous sommes vos serviteurs, à cause de Jésus. Car Dieu qui a dit : *Du milieu des ténèbres brillera la lumière*, a lui-même brillé dans nos cœurs pour faire resplendir la connaissance de sa gloire qui rayonne sur le visage du Christ. – Parole du Seigneur.

Psaume 84 (85)

℟ ***La gloire du Seigneur habitera notre terre.***

J'écoute : que dira le Seigneur Dieu ?
Ce qu'il dit, c'est la paix pour son peuple et ses fidèles.
Son salut est proche de ceux qui le craignent,
et la gloire habitera notre terre. ℟

Amour et vérité se rencontrent,
justice et paix s'embrassent ;
la vérité germera de la terre
et du ciel se penchera la justice. ℟

Le Seigneur donnera ses bienfaits,
et notre terre donnera son fruit.
La justice marchera devant lui,
et ses pas traceront le chemin. ℟

Acclamation de l'Évangile

Alléluia. Alléluia. Je vous donne un commandement nouveau, dit le Seigneur : « Aimez-vous les uns les autres, comme je vous ai aimés. » ***Alléluia.***

Évangile de Jésus Christ

selon saint Matthieu (5, 20-26)

« Tout homme qui se met en colère contre son frère devra passer en jugement »

En ce temps-là, Jésus disait à ses disciples : « Je vous le dis : Si votre justice ne surpasse pas celle des scribes et des pharisiens, vous n'entrerez pas dans le royaume des Cieux. Vous avez appris qu'il a été dit aux anciens : *Tu ne commettras pas de meurtre*, et si quelqu'un commet un meurtre, il devra passer en jugement. Eh bien ! moi, je vous dis : Tout homme qui se met en colère contre son frère devra passer en jugement. Si quelqu'un insulte son frère, il devra passer devant le tribunal. Si quelqu'un le traite de fou, il sera passible de la géhenne de feu. Donc, lorsque tu vas présenter ton offrande à l'autel, si, là, tu te souviens que ton frère a quelque chose contre toi, laisse ton offrande, là, devant l'autel, va d'abord te réconcilier avec ton frère, et ensuite viens présenter ton offrande. Mets-toi vite d'accord avec ton adversaire pendant que tu es en chemin avec lui, pour éviter que ton adversaire ne te livre au juge, le juge au garde, et qu'on ne te jette en prison. Amen, je te le dis : tu n'en sortiras pas avant d'avoir payé jusqu'au dernier sou. »

Prière sur les offrandes

Accueille avec bienveillance nos présents, nous t'en prions, Seigneur : qu'ils soient sanctifiés et servent ainsi à notre salut. Par le Christ, notre Seigneur. **— *Amen.***

Antienne de la communion

Approchez du Seigneur :
resplendissez de sa lumière,
sans ombre ni trouble au visage.
(cf. Ps 33, 6)

OU

Je suis la lumière du monde,
dit le Seigneur. Celui qui me suit
ne marchera pas dans les ténèbres :
il aura la lumière de la vie.
(Jn 8, 12)

Prière après la communion

Nous t'en prions, Dieu tout-puissant ; nous recevons de toi la grâce qui fait vivre : fais que nous trouvions toujours notre gloire dans ce que tu nous donnes. Par le Christ, notre Seigneur.
— *Amen.*

INVITATION

Y a-t-il un geste de réconciliation que je peux poser aujourd'hui ?

COMMENTAIRE

Oser l'amour Matthieu 5, 20-26

Jésus met l'accent sur l'amour du prochain comme pierre de touche de notre amour pour Dieu. Lorsque nous sommes en conflit avec quelqu'un, avant de nous présenter devant le Très-Haut, il nous dit : « Laisse ton offrande, là, devant l'autel, va d'abord te réconcilier avec ton frère. » Osons prier pour nos ennemis afin de recevoir la grâce de franchir ce pas, toujours difficile. Confions-nous à l'Esprit de communion, lui, le Maître de l'impossible. ■

***Bénédicte de la Croix**, cistercienne*

✲ CLÉ DE LECTURE

« C'est l'Esprit » 2 Corinthiens 3, 17 *(p. 109)*

Ce chapitre de Paul a donné lieu, dans la statuaire, à la représentation déplorable de la Synagogue aux yeux bandés en face d'une Église victorieuse. Certes, Paul affirme d'abord que lire l'Écriture sans être éclairé par la lumière du Christ ne permet pas de la comprendre pleinement. Mais il s'interroge ensuite plus avant : même alors, il n'y a de lecture transformante que si on se convertit, si on se tourne vers le Seigneur, et ce Seigneur, c'est… l'Esprit. L'Esprit de Dieu, Esprit créateur, Esprit de liberté, qui ouvre un chemin de révélation à celui qui se tourne vers lui et renonce à sa propre rigidité. Dans l'une et l'autre tradition religieuse, juive et chrétienne, lire selon l'Esprit, et non selon la lettre, conduit à la rencontre du Dieu vivant. ■

***Roselyne Dupont-Roc**, bibliste*

VENDREDI 16 JUIN 2023

COULEUR LITURGIQUE : BLANC

Le Sacré-Cœur de Jésus

Nul mieux que Jésus n'a su révéler la bonté du cœur de Dieu, son attention aux petits et à leurs misères quotidiennes.

Antienne d'ouverture

Les pensées de son Cœur subsistent d'âge en âge :
il veut délivrer de la mort les âmes
de ceux qui le craignent,
et les nourrir aux jours de famine.
(cf. Ps 32, 11.18.19)

Gloire à Dieu *(p. 216)*

Prière

Dieu tout-puissant, en glorifiant le Cœur de ton Fils bien-aimé, nous rappelons les admirables bienfaits de son amour pour nous ; nous t'en prions, accorde-nous de puiser à cette source divine une surabondance de grâce. Par Jésus… — ***Amen.***

OU

Seigneur notre Dieu, dans le Cœur de ton Fils meurtri par nos péchés, tu nous prodigues avec miséricorde les trésors infinis de ta tendresse ; nous t'en prions : fais que, dans l'hommage fervent de notre piété, nous lui rendions aussi les devoirs d'une juste réparation. Lui qui… — ***Amen.***

Lectures propres à la solennité du Sacré-Cœur de Jésus.

Lecture

du livre du Deutéronome (7, 6-11)

« Si le Seigneur vous a choisis, c'est par amour pour vous »

Moïse disait au peuple : « Tu es un peuple consacré au Seigneur ton Dieu : c'est toi qu'il a choisi pour être son peuple, son domaine particulier parmi tous les peuples de la terre. Si le Seigneur s'est attaché à vous, s'il vous a choisis, ce n'est pas que vous soyez le plus nombreux de tous les peuples, car vous êtes le plus petit de tous. C'est par amour pour vous, et pour tenir le serment fait à vos pères, que le Seigneur vous a fait sortir par la force de sa main, et vous a rachetés de la maison d'esclavage et de la main de Pharaon, roi d'Égypte. Tu sauras donc que c'est le Seigneur ton Dieu qui est Dieu, le Dieu vrai qui garde son Alliance et sa fidélité pour mille générations à ceux qui l'aiment et gardent ses commandements. Mais il riposte à ses adversaires en les faisant périr, et sa riposte est immédiate. Tu garderas donc le commandement, les décrets et les ordonnances que je te prescris aujourd'hui de mettre en pratique. » – Parole du Seigneur.

VENDREDI 16 JUIN 2023

Psaume 102 (103)

℟ ***L'amour du Seigneur, sur ceux qui le craignent, est de toujours à toujours.***

Bénis le Seigneur, ô mon âme,
bénis son nom très saint, tout mon être !
Bénis le Seigneur, ô mon âme,
n'oublie aucun de ses bienfaits ! ℟

Car il pardonne toutes tes offenses
et te guérit de toute maladie ;
il réclame ta vie à la tombe
et te couronne d'amour et de tendresse. ℟

Le Seigneur fait œuvre de justice,
il défend le droit des opprimés.
Il révèle ses desseins à Moïse,
aux enfants d'Israël ses hauts faits. ℟

Le Seigneur est tendresse et pitié,
lent à la colère et plein d'amour ;
il n'agit pas envers nous selon nos fautes,
ne nous rend pas selon nos offenses. ℟

Lecture

de la première lettre de saint Jean (4, 7-16)

« Dieu nous a aimés »

Bien-aimés, aimons-nous les uns les autres, puisque l'amour vient de Dieu. Celui qui aime est né de Dieu et connaît Dieu. Celui qui n'aime pas n'a pas connu Dieu, car Dieu est amour.

Voici comment l'amour de Dieu s'est manifesté parmi nous : Dieu a envoyé son Fils unique dans le monde pour que nous vivions par lui. Voici en quoi consiste l'amour : ce n'est pas nous qui avons aimé Dieu, mais c'est lui qui nous a aimés, et il a envoyé son Fils en sacrifice de pardon pour nos péchés.

Bien-aimés, puisque Dieu nous a tellement aimés, nous devons, nous aussi, nous aimer les uns les autres.

Dieu, personne ne l'a jamais vu. Mais si nous nous aimons les uns les autres, Dieu demeure en nous, et, en nous, son amour atteint la perfection. Voici comment nous reconnaissons que nous demeurons en lui et lui en nous : il nous a donné part à son Esprit. Quant à nous, nous avons vu et nous attestons que le Père a envoyé son Fils comme Sauveur du monde. Celui qui proclame que Jésus est le Fils de Dieu, Dieu demeure en lui, et lui en Dieu. Et nous, nous avons reconnu l'amour que Dieu a pour nous, et nous y avons cru. Dieu est amour : qui demeure dans l'amour demeure en Dieu, et Dieu demeure en lui. – Parole du Seigneur.

Acclamation de l'Évangile

Alléluia. Alléluia. Prenez sur vous mon joug, devenez mes disciples, car je suis doux et humble de cœur. ***Alléluia.***

Évangile de Jésus Christ

selon saint Matthieu (11, 25-30)

« Je suis doux et humble de cœur »

En ce temps-là, Jésus prit la parole et dit : « Père, Seigneur du ciel et de la terre, je proclame ta louange : ce que tu as caché aux sages et aux savants, tu l'as révélé aux tout-petits. Oui, Père, tu l'as voulu ainsi dans ta bienveillance. Tout m'a été remis par mon Père ; personne ne connaît le Fils, sinon le Père, et personne ne connaît le Père, sinon le Fils, et celui à qui le Fils veut le révéler.

« Venez à moi, vous tous qui peinez sous le poids du fardeau, et moi, je vous procurerai le repos.

Prenez sur vous mon joug, devenez mes disciples, car je suis doux et humble de cœur, et vous trouverez le repos pour votre âme. Oui, mon joug est facile à porter, et mon fardeau, léger. »

Profession de foi *(p. 217)*

Prière sur les offrandes

Regarde, nous t'en prions, Seigneur, l'amour inexprimable du Cœur de ton Fils bien-aimé, pour que le don que nous t'offrons te soit agréable et contribue à l'expiation de nos péchés. Par le Christ, notre Seigneur. ***— Amen.***

Prière eucharistique

(Préface du Sacré-Cœur)

Vraiment, il est juste et bon, pour ta gloire et notre salut, de t'offrir notre action de grâce, toujours et en tout lieu, Seigneur, Père très saint, Dieu éternel et tout-puissant, par le Christ, notre Seigneur. Dans son amour admirable, quand il fut élevé sur la croix, il s'est livré lui-même pour nous et, de son côté transpercé, il répandit le sang et l'eau d'où jaillirent les sacrements de l'Église, afin que tous, attirés vers le Cœur ouvert du Sauveur, ne cessent de venir puiser dans la joie aux sources vives du salut. C'est pourquoi, avec les saints et tous les anges, nous te louons et sans fin nous proclamons : ***Saint ! Saint ! Saint…***

Antienne de la communion

Si quelqu'un a soif, dit le Seigneur,
qu'il vienne à moi, et qu'il boive.
Si quelqu'un croit en moi,
de son cœur couleront des fleuves
d'eau vive. (cf. Jn 7, 37-38)

OU

Un des soldats avec sa lance
lui perça le côté ; et aussitôt,
il en sortit du sang et de l'eau.
(Jn 19, 34)

Prière après la communion

Par ce sacrement de ton amour, Seigneur, fais-nous brûler d'une charité qui nous attire toujours vers ton Fils, et nous apprenne ainsi à le reconnaître en nos frères. Lui qui… — ***Amen.***

INVITATION

Et si je dessinais, aujourd'hui, un Sacré-Cœur de Jésus, ce cœur rouge surmonté d'une croix ? Je pourrais ensuite le glisser dans mon portefeuille.

COMMENTAIRE

Un cœur simple

Matthieu 11, 25-30

Le père Charles de Foucauld avait fait broder sur sa tunique un grand cœur rouge surmonté d'une croix, icône bouleversante de sa foi. Dieu a tant aimé le monde qu'en son Fils, il est allé jusqu'à mourir par amour pour chacun de nous. En levant les yeux sur celui que nos péchés ont cloué sur le bois du supplice, nous découvrons la profondeur de cette affirmation de Jésus : « Je suis doux et humble de cœur. » Oui, venez et adorons ! ■

Bénédicte de la Croix, *cistercienne*

SAMEDI 17 JUIN 2023

COULEUR LITURGIQUE : BLANC

Cœur Immaculé de la bienheureuse Vierge Marie

La célébration du Cœur Immaculé de la bienheureuse Vierge Marie nous invite à communier plus profondément à son ouverture à Dieu.

Antienne d'ouverture

Mon cœur est dans la joie, car tu me sauves ;
je chanterai le Seigneur pour le bien qu'il m'a fait. (cf. Ps 12, 6)

Prière

Seigneur Dieu, tu as préparé dans le cœur de la bienheureuse Vierge Marie une demeure digne de l'Esprit Saint ; accorde-nous, à son intercession, de devenir le temple de ta gloire. Par Jésus… ***— Amen.***

Lectures propres à la mémoire du Cœur Immaculé de la bienheureuse Vierge Marie.

Lecture

du livre du prophète Isaïe (61, 9-11)

« Je tressaille de joie dans le Seigneur »

Les descendants de mon peuple seront connus parmi les nations, et leur postérité, au milieu des peuples. Qui les verra pourra reconnaître la descendance bénie du Seigneur.
Je tressaille de joie dans le Seigneur, mon âme exulte en mon Dieu. Car il m'a vêtue des vêtements du salut, il m'a couverte du manteau de la justice, comme le jeune marié orné du diadème, la jeune mariée que parent ses joyaux. Comme la terre fait éclore son germe, et le jardin, germer ses semences, le Seigneur Dieu fera germer la justice et la louange devant toutes les nations. – Parole du Seigneur.

Psaume (1 Samuel 2, 1, 4-5ab, 6-7, 8abcd)

℟ ***Mon cœur exulte à cause du Seigneur : c'est lui qui me sauve.***

Mon cœur exulte à cause du Seigneur ;
mon front s'est relevé grâce à mon Dieu !
Face à mes ennemis, s'ouvre ma bouche :
oui, je me réjouis de ton salut ! ℟

L'arc des forts est brisé,
mais le faible se revêt de vigueur.
Les plus comblés s'embauchent pour du pain,
et les affamés se reposent. ℟

Le Seigneur fait mourir et vivre ;
il fait descendre à l'abîme et en ramène.
le Seigneur rend pauvre et riche ;
il abaisse et il élève. ℟

De la poussière, il relève le faible,
il retire le malheureux de la cendre
pour qu'il siège parmi les princes,
et reçoive un trône de gloire. ℟

Acclamation de l'Évangile

Alléluia. Alléluia. Heureuse Vierge Marie ! Attentive à garder la parole de Dieu, elle la méditait dans son cœur ! ***Alléluia.***

Évangile de Jésus Christ

selon saint Luc (2, 41-51)

« Sa mère gardait dans son cœur tous ces événements »

Chaque année, les parents de Jésus se rendaient à Jérusalem pour la fête de la Pâque. Quand il eut douze ans, ils montèrent en pèlerinage suivant la coutume. À la fin de la fête, comme ils s'en retournaient, le jeune Jésus resta à Jérusalem à l'insu de ses parents. Pensant qu'il

était dans le convoi des pèlerins, ils firent une journée de chemin avant de le chercher parmi leurs parents et connaissances. Ne le trouvant pas, ils retournèrent à Jérusalem, en continuant à le chercher.
C'est au bout de trois jours qu'ils le trouvèrent dans le Temple, assis au milieu des docteurs de la Loi : il les écoutait et leur posait des questions, et tous ceux qui l'entendaient s'extasiaient sur son intelligence et sur ses réponses. En le voyant, ses parents furent frappés d'étonnement, et sa mère lui dit : « Mon enfant, pourquoi nous as-tu fait cela ? Vois comme ton père et moi, nous avons souffert en te cherchant ! » Il leur dit : « Comment se fait-il que vous m'ayez cherché ? Ne saviez-vous pas qu'il me faut être chez mon Père ? » Mais ils ne comprirent pas ce qu'il leur disait.
Il descendit avec eux pour se rendre à Nazareth, et il leur était soumis. Sa mère gardait dans son cœur tous ces événements.

Prière sur les offrandes

En la mémoire de la bienheureuse Marie, Mère de Dieu, regarde, Seigneur, les prières et les offrandes présentées par tes fidèles : qu'elles soient agréables à tes yeux, et nous obtiennent le secours de ta miséricorde. Par le Christ, notre Seigneur. — ***Amen.*** *Préface de la bienheureuse Vierge Marie, p. 221.*

Antienne de la communion

Marie retenait tous ces événements
et les méditait dans son cœur.
(Lc 2, 19)

Prière après la communion

Tu nous as fait participer à la rédemption éternelle, et nous te prions, Seigneur : alors que nous faisons mémoire de la Mère de ton Fils, comble-nous de la plénitude de ta grâce, et fais-nous éprouver toujours davantage les effets du salut. Par le Christ, notre Seigneur.
— Amen.

INVITATION

En cette mémoire du Cœur Immaculé de Marie, je peux prier le chapelet de Lourdes en le regardant en direct à 15 h 30 sur le site du sanctuaire www.lourdes-france.org.

COMMENTAIRE

Rythme cardiaque

À partir du XVIIe siècle, sous l'influence de saint Jean Eudes, les cœurs de Jésus et de Marie sont vénérés dans un seul acte de piété. Sur la médaille frappée sur les indications de la Vierge s'adressant à Catherine Labouré, deux cœurs, celui du Fils entouré d'une couronne d'épines, celui de la Mère, transpercé d'un glaive. Une unique pulsation les anime : ils battent au rythme de l'amour. Écoutons cet écho puissant de la miséricorde du Père. ■

Bénédicte de la Croix, *cistercienne*

DIMANCHE 18 JUIN 2023

11E DIMANCHE DU TEMPS ORDINAIRE

ANNÉE A – COULEUR LITURGIQUE : VERT

« La moisson est abondante, mais les ouvriers sont peu nombreux. » Ce constat est consternant, il peut provoquer découragement et tristesse. Il peut aussi susciter des élans de générosité et de service. Jésus connaît le nom de chacun de ses Apôtres, il connaît aussi le nôtre. Et il nous envoie, sur les routes de nos vies, au cœur de nos villes et villages, afin d'être de joyeux témoins de la Bonne Nouvelle. En serons-nous ?

RITES INITIAUX

Chant d'entrée *(Suggestions p. 243)*
OU
Antienne d'ouverture
Écoute, Seigneur, ma voix qui t'appelle !
Sois mon secours, ne m'abandonne pas,
ne me délaisse pas, Dieu, mon salut !
(cf. Ps 26, 7.9)

Suggestion de préparation pénitentielle *(ou p. 214)*
Frères et sœurs, le Seigneur nous envoie annoncer la Bonne Nouvelle autour de nous. Avec une foi renouvelée, préparons-nous à célébrer le mystère de l'eucharistie en reconnaissant notre péché.

Prends pitié de nous, Seigneur, toi qui nous précèdes sur les chemins de la Bonne Nouvelle, toi dont la fidélité demeure d'âge en âge. ***— Nous avons péché contre toi.***

Montre-nous ta miséricorde, ô Christ, toi qui connais le nom et la vie de chacun de tes disciples. ***— Et donne-nous ton salut.***

Que Dieu tout-puissant nous fasse miséricorde ; qu'il nous pardonne nos péchés et nous conduise à la vie éternelle. ***— Amen.***

Kyrie, eleison. ***— Kyrie, eleison.***
Christe, eleison. ***— Christe, eleison.***
Kyrie, eleison. ***— Kyrie, eleison.***

Gloire à Dieu *(p. 216)*

Prière

Seigneur Dieu, force de ceux qui espèrent en toi, sois favorable à nos appels : puisque, mortels et fragiles, nous ne pouvons rien sans toi, donne-nous toujours le secours de ta grâce ; ainsi pourrons-nous, en observant tes commandements, vouloir et agir de manière à te plaire. Par Jésus… ***— Amen.***

LITURGIE DE LA PAROLE

Lecture du livre de l'Exode (19, 2-6a)

« Vous serez pour moi un royaume de prêtres, une nation sainte »

En ces jours-là, les fils d'Israël arrivèrent dans le désert du Sinaï, et ils y établirent leur camp juste en face de la montagne. Moïse monta vers Dieu. Le Seigneur l'appela du haut de la montagne : « Tu diras à la maison de Jacob, et tu annonceras aux fils d'Israël : Vous avez vu ce que j'ai fait à l'Égypte, comment je vous ai portés comme sur les ailes d'un aigle et vous ai amenés jusqu'à moi. Maintenant donc, si vous écoutez ma voix et gardez mon alliance, vous serez mon domaine particulier parmi tous les peuples, car toute la terre m'appartient ; mais vous, vous serez pour moi un royaume de prêtres, une nation sainte. »

– Parole du Seigneur.

Psaume 99 (100)

℟ *Il nous a faits, et nous sommes à lui, nous, son peuple, son troupeau.*

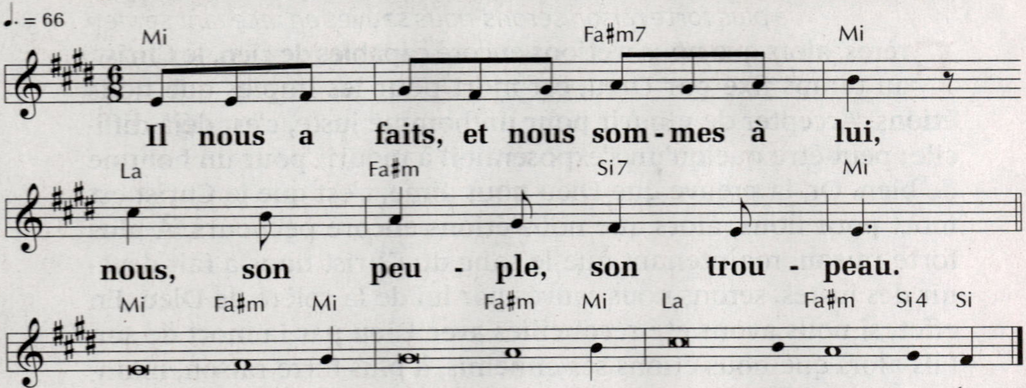

T. : AELF ; M. : G. Previdi ; Éd. : ADF.

Acclamez le Seigneur, terre entière,
servez le Seigneur dans l'allégresse,
venez à lui avec des chants de joie ! ℟

Reconnaissez que le Seigneur est Dieu :
il nous a faits, et nous sommes à lui,
nous, son peuple, son troupeau. ℟

Oui, le Seigneur est bon,
éternel est son amour,
sa fidélité demeure d'âge en âge. ℟

Retrouvez ce psaume sur le CD "Les psaumes de l'année A"

Lecture de la lettre de saint Paul apôtre aux Romains (5, 6-11)

« Si nous avons été réconciliés par la mort du Fils, à plus forte raison serons-nous sauvés en recevant sa vie »

Frères, alors que nous n'étions encore capables de rien, le Christ, au temps fixé par Dieu, est mort pour les impies que nous étions. Accepter de mourir pour un homme juste, c'est déjà difficile ; peut-être quelqu'un s'exposerait-il à mourir pour un homme de bien. Or, la preuve que Dieu nous aime, c'est que le Christ est mort pour nous, alors que nous étions encore pécheurs. À plus forte raison, maintenant que le sang du Christ nous a fait devenir des justes, serons-nous sauvés par lui de la colère de Dieu. En effet, si nous avons été réconciliés avec Dieu par la mort de son Fils alors que nous étions ses ennemis, à plus forte raison, maintenant que nous sommes réconciliés, serons-nous sauvés en ayant part à sa vie. Bien plus, nous mettons notre fierté en Dieu, par notre Seigneur Jésus Christ, par qui, maintenant, nous avons reçu la réconciliation.

– Parole du Seigneur.

Acclamation de l'Évangile

Alléluia. Alléluia. Le règne de Dieu est tout proche. Convertissez-vous et croyez à l'Évangile. ***Alléluia.***

U 36-94 T. : AELF; M. : J.-J. Roux; Bayard Liturgie.

Évangile de Jésus Christ selon saint Matthieu (9, 36 – 10, 8)

« Jésus appela ses douze disciples et les envoya en mission »

En ce temps-là, voyant les foules, Jésus fut saisi de compassion envers elles parce qu'elles étaient désemparées et abattues comme des brebis sans berger. Il dit alors à ses disciples : « La moisson est abondante, mais les ouvriers sont peu nombreux. Priez donc le maître de la moisson d'envoyer des ouvriers pour

sa moisson. » Alors Jésus appela ses douze disciples et leur donna le pouvoir d'expulser les esprits impurs et de guérir toute maladie et toute infirmité.
Voici les noms des douze Apôtres : le premier, Simon, nommé Pierre ; André son frère ; Jacques, fils de Zébédée, et Jean son frère ; Philippe et Barthélemy ; Thomas et Matthieu le publicain ; Jacques, fils d'Alphée, et Thaddée ; Simon le Zélote et Judas l'Iscariote, celui-là même qui le livra. Ces douze, Jésus les envoya en mission avec les instructions suivantes : « Ne prenez pas le chemin qui mène vers les nations païennes et n'entrez dans aucune ville des Samaritains. Allez plutôt vers les brebis perdues de la maison d'Israël. Sur votre route, proclamez que le royaume des Cieux est tout proche. Guérissez les malades, ressuscitez les morts, purifiez les lépreux, expulsez les démons. Vous avez reçu gratuitement : donnez gratuitement. »

Homélie

Profession de foi (p. 217)

Suggestion de prière universelle

Le prêtre :

Le Christ nous appelle à sa suite, il compte sur nous pour semer dans les cœurs la Bonne Nouvelle. Avec une foi renouvelée, présentons-lui les hommes et les femmes de notre temps.

℟ ***Fils du Dieu vivant, exauce-nous !***

D. R. ; T. et M. : J. Gelineau.

Le diacre ou un lecteur :

« La moisson est abondante, mais les ouvriers peu nombreux. » Encore aujourd'hui, le Christ compte sur nous pour être témoins de la Bonne Nouvelle. Prions-le pour notre Église. Qu'elle annonce dans la joie la Bonne Nouvelle, avec une fraîcheur toujours renouvelée. Seigneur, écoute-nous. ℟

« Sur votre route, proclamez que le royaume des Cieux est tout proche. » Beaucoup souffrent encore aujourd'hui de la torture. Prions pour son abolition. Que la communauté internationale assure un soutien aux victimes ainsi qu'à leurs familles. Seigneur, exauce-nous. ℟

« Les foules étaient abattues comme des brebis sans berger. » Beaucoup profitent de la fragilité des plus crédules pour les entraîner dans des groupements sectaires. Prions pour nos responsables politiques. Qu'ils œuvrent contre toute forme d'emprise et de manipulation. Seigneur, écoute-nous. ℟

« Vous avez reçu gratuitement : donnez gratuitement. » Nombreuses sont les formes de précarité, matérielle, sociale, spirituelle. Prions pour notre paroisse. Qu'elle demeure inventive et créative, afin qu'elle apporte réconfort et secours aux hommes et aux femmes les plus fragiles. Seigneur, exauce-nous. ℟

(Ces intentions seront adaptées ou modifiées selon les circonstances.)

Le prêtre :

Ô Christ, maître de la moisson et premier témoin de la Bonne Nouvelle, écoute la prière de ceux qui t'implorent dans la foi. Daigne nous exaucer, toi qui vis et règnes pour les siècles des siècles. – ***Amen.***

LITURGIE EUCHARISTIQUE

Prière sur les offrandes

Seigneur Dieu, tu donnes à notre humanité la nourriture qui fortifie, et le sacrement qui renouvelle ; nous t'en prions : fais que ton secours ne manque jamais à nos corps et à nos esprits. Par le Christ, notre Seigneur. – ***Amen.***

Prière eucharistique *(Préface des dimanches, p. 220)*

Chant de communion (Suggestions p. 243)

OU

Antienne de la communion

Père saint, garde mes disciples unis dans ton nom,
le nom que tu m'as donné, pour qu'ils soient un,
comme nous-mêmes, dit le Seigneur.
(Jn 17, 11)

OU

J'ai demandé une chose au Seigneur,
la seule que je cherche :
habiter la maison du Seigneur tous les jours de ma vie.
(Ps 26, 4)

Prière après la communion

Cette communion à tes mystères, Seigneur, préfigure l'union des fidèles en toi ; fais qu'elle produise un fruit d'unité dans ton Église. Par le Christ, notre Seigneur. — ***Amen.***

RITE DE CONCLUSION

Bénédiction

Envoi

COMMENTAIRE DU DIMANCHE

Karem Bustica, rédactrice en chef de *Prions en Église*

La vertu de compassion

Dans la Bible, la compassion s'apparente à un attribut de Dieu. Le roi David dira que la compassion du Seigneur est immense (2 S 24, 14). Et le prophète Isaïe, que le Seigneur console son peuple et a compassion de ses pauvres (Is 49, 13). Dieu lui-même se présente à Moïse (Ex 34, 6) comme un « Dieu tendre et miséricordieux [deux autres mots pour traduire la compassion à partir de l'hébreu], lent à la colère, plein d'amour et de vérité ». Dieu est compassion.

L'évangile de ce dimanche présente un Jésus ému. Jésus éprouve de la *compassion*. Cela lui arrive en présence des foules désorientées ou affamées, auprès des aveugles, à l'approche des lépreux et devant toute sorte de personnes souffrantes. Les récits témoignent que la compassion de Jésus précède la guérison

des malades, la résurrection des morts, l'enseignement aux foules, la multiplication des pains… Autrement dit, elle est un indice du royaume de Dieu.
Désormais, cette émotion qui s'accompagne d'une action en faveur d'autrui est bien plus qu'une vertu morale qui dicte un comportement. La compassion est une vertu spirituelle. Elle nous rapproche de Dieu et dévoile son royaume. Elle se cultive et elle se reçoit. La compassion est la trace de l'image de Dieu que nous portons chacune et chacun. Et nous l'avons reçue gratuitement !

Quelle parole me touche dans le récit de ce dimanche ?

À quoi m'appelle Jésus aujourd'hui ?

Comment suis-je prêt(e) pour la mission ? ■

PrionsenÉglise Junior

LIRE L'ÉVANGILE AVEC LES ENFANTS

CE QUE JE DÉCOUVRE

Dans l'évangile du jour, Jésus voit qu'il reste beaucoup de travail pour annoncer la présence de Dieu et soigner les personnes malades. Alors, il envoie ses amis aider ceux qui en ont besoin. Aujourd'hui encore, Jésus compte sur nous. Il nous invite à **témoigner de la joie d'être chrétiens** et à rendre heureux ceux qui sont autour de nous !

CE QUE JE VIS

Est-ce qu'on t'a déjà confié une mission ou une responsabilité ? Connais-tu des personnes qui ne croient pas en Dieu ? ou des personnes malades ? **Que leur dirais-tu pour leur parler de Jésus ?**

Texte : Sophie Pellloux-Prayer. Illustrations : Marcelino Truong

MÉDITATION BIBLIQUE

11E DIMANCHE DU TEMPS ORDINAIRE

Évangile selon saint Matthieu 9, 36 – 10, 8

La posture, sujet majeur de l'enseignement de Jésus

Comment pouvons-nous comprendre le constat énoncé par Jésus ? Quelle prise de conscience le Royaume nécessite-t-il ?

Le temps de la préparation

« Acclamez le Seigneur, terre entière, servez le Seigneur dans l'allégresse, venez à lui avec des chants de joie ! » (Ps 99, 1-2)

Le temps de l'observation

« La moisson est abondante, mais les ouvriers sont peu nombreux. » Ce constat, énoncé par Jésus, reste évasif. Des ouvriers auraient à récolter des plantes qu'ils n'auraient pas semées ni contribué à faire pousser. Mais de quelle moisson est-il question, et de quel type d'ouvrier Dieu a-t-il besoin ? On pense à une main-d'œuvre qui interviendrait de façon un peu impersonnelle pour encaisser les bénéfices générés. On projette facilement sur ces images une posture de maîtrise qui se produirait sur les plants et malgré eux. Mais ces •••

… représentations ne collent pas avec la suite de l'évangile. Les ouvriers dont il est question deviennent, dans la suite du texte, des personnes au service de la guérison, du retour à la vie, du soin, de l'inclusion et de la sécurité des êtres. On comprend dès lors que la moisson ne consiste pas à profiter d'une situation mais à favoriser une vie déjà à l'œuvre.

Le temps de la méditation

L'image des ouvriers clarifie le fait que les disciples ne doivent surtout pas croire qu'ils sont à l'origine des bienfaits qu'ils constatent. Ils n'arrivent qu'à la fin et un peu par hasard. Si le grain est mûr, ils n'y sont pour rien. Ce ne sont pas eux qui portent du fruit mais l'action de Dieu dans le monde. Ayant compris cela, ils sont dès lors dans la posture adéquate pour vivre le royaume de Dieu. Toutes les guérisons, le soin et les bienfaits qu'ils pourront apporter, ils n'en sont pas les auteurs. Le royaume de Dieu nécessite cette prise de conscience. Si les disciples pensent qu'ils doivent être meilleurs ou compétents pour partir en mission, ils se trompent. Jésus ne cesse de leur dire qu'ils ne peuvent donner que le fruit qu'ils ont eux-mêmes conscience d'avoir reçu. L'équation est simple et se résume ainsi : « Vous avez reçu gratuitement : donnez gratuitement. » Elle est toujours valable aujourd'hui.

Le temps de la prière

« Oui, le Seigneur est bon, éternel est son amour, sa fidélité demeure d'âge en âge. » (Ps 99, 5) ■

Marie-Laure Durand,
bibliste

PARTAGE BIBLIQUE

Environ 45 minutes

Une bible ou Prions en Église, *page 129*

L'ENVOI EN MISSION (MT 9, 36 – 10, 8)

Lire

Nous écoutons ce passage de l'envoi en mission des douze disciples.

Comprendre le texte

Dans son discours missionnaire, Jésus constate, outre la fatigue et l'égarement des foules, l'immensité de la tâche et la pénurie des ouvriers pour l'accomplir. L'activité évangélique requiert la prière et l'appel des auxiliaires. Les douze disciples reçoivent l'autorité sur les esprits impurs en vue de la guérison. Ils prennent le nom d'apôtres, c'est-à-dire « envoyés ». L'interdiction d'aller vers les païens et le souci des seules brebis perdues d'Israël peut étonner. Elle sous-entend que le message évangélique subira des refus au cœur même du peuple élu par Dieu. Cette note propre à Matthieu connaîtra un élargissement final vers toutes les nations à la fin de l'évangile. Le contenu du message reprend la prédication de Jean Baptiste ainsi que la demande pressante de Jésus à la conversion (cf. Mt 4, 17). •••

PARTAGE BIBLIQUE (SUITE) *L'ENVOI EN MISSION*

••• La mission échappe à toute logique de rétribution (ni échange ni réciprocité) : elle est marquée par la gratuité. Les envoyés doivent faire preuve d'une totale confiance : Dieu pourvoira à tous les besoins matériels (gîte et couvert). Ils sont détenteurs d'une paix accordée aux seules villes qui auront su les accueillir.

Partager

- Est-ce que je connais des personnes désemparées comme des brebis sans berger ?
- Les malheurs du temps présent suscitent-ils en moi un sentiment de compassion ?
- Ai-je déjà été appelé à une mission d'Église ? Si non, le souhaiterais-je ?
- En quoi les services que j'accomplis auprès de ceux qui requièrent de l'aide nourrissent-ils ma foi ?

Prier

Nous prions et méditons le très beau chant *Ouvriers de la paix* (XW61). ■

Sylvain Gasser, prêtre assomptionniste

LUNDI 19 JUIN 2023

11E SEMAINE DU TEMPS ORDINAIRE COULEUR LITURGIQUE : VERT

Temps ordinaire*, suggestion d'oraisons et d'antiennes n° 4*
ou **saint Romuald**

Antienne d'ouverture

Sauve-nous, Seigneur notre Dieu ; rassemble-nous du milieu des nations, que nous rendions grâce à ton saint nom, fiers de chanter ta louange ! (Ps 105, 47)

Prière

Accorde-nous, Seigneur notre Dieu, de pouvoir t'adorer de tout notre esprit, et d'avoir envers tous une vraie charité. Par Jésus… — ***Amen.***

Lecture

de la deuxième lettre de saint Paul apôtre aux Corinthiens (6, 1-10)

« Nous nous recommandons comme des ministres de Dieu »

Frères, en tant que coopérateurs de Dieu, nous vous exhortons encore à ne pas laisser sans effet la grâce reçue de lui. Car il dit dans l'Écriture : *Au moment favorable je t'ai exaucé, au jour du salut je t'ai secouru.* Le voici maintenant le moment favorable, le voici maintenant le jour du salut. Pour que notre ministère ne soit pas exposé à la critique, nous veillons à ne choquer personne en rien. Au contraire, en tout, nous nous recommandons nous-mêmes comme des ministres de Dieu : par beaucoup d'endurance, dans les détresses, les difficultés, les angoisses, les coups, la prison, les émeutes, les fatigues, le manque de sommeil et de nourriture, par la chasteté, la connaissance, la patience et la bonté, la sainteté de l'esprit et la sincérité de l'amour, par une parole de vérité, par une puissance qui vient de Dieu ; nous nous présentons avec les armes de la justice pour l'attaque et la défense, dans la gloire et le mépris, dans la mauvaise et la bonne réputation. On nous traite d'imposteurs, et nous disons la vérité ; on nous prend pour des inconnus, et nous sommes très connus ; on nous croit mourants, et nous sommes bien vivants ; on nous punit, et nous ne sommes pas mis à mort ; on nous croit tristes, et nous sommes toujours joyeux ; pauvres, et nous faisons tant de riches ; démunis de tout, et nous possédons tout.

– Parole du Seigneur.

Psaume 97 (98)

℟ ***Le Seigneur a fait connaître son salut.***

Chantez au Seigneur un chant nouveau,
car il a fait des merveilles ;
par son bras très saint,
  par sa main puissante,
il s'est assuré la victoire. ℟

Le Seigneur a fait connaître sa victoire
et révélé sa justice aux nations ;
il s'est rappelé sa fidélité, son amour,
en faveur de la maison d'Israël. ℟

La terre tout entière a vu
la victoire de notre Dieu.
Acclamez le Seigneur, terre entière,
sonnez, chantez, jouez ! ℟

Acclamation de l'Évangile

Alléluia. Alléluia. Ta parole est la lumière de mes pas, la lampe de ma route. ***Alléluia.***

Évangile de Jésus Christ

selon saint Matthieu (5, 38-42)

« Moi, je vous dis de ne pas riposter au méchant »

En ce temps-là, Jésus disait à ses disciples : « Vous avez appris qu'il a été dit : *Œil pour œil*, et *dent pour dent*. Eh bien ! moi, je vous dis de ne pas riposter au méchant ; mais si quelqu'un te gifle sur la joue droite, tends-lui encore l'autre. Et si quelqu'un veut te poursuivre en justice et prendre ta tunique, laisse-lui encore ton manteau. Et si quelqu'un te réquisitionne pour faire mille pas, fais-en deux mille avec lui. À qui te demande, donne ; à qui veut t'emprunter, ne tourne pas le dos ! »

Prière sur les offrandes

Pour te servir, Seigneur, nous déposons nos présents sur ton autel : accueille-les favorablement, pour qu'ils deviennent le sacrement de notre rédemption. Par le Christ, notre Seigneur. ***— Amen.***

Antienne de la communion

Sur ton serviteur,
que s'illumine ta face ;
sauve-moi dans ta miséricorde.
Seigneur, garde-moi d'être humilié,
car je t'ai invoqué.
(cf. Ps 30, 17-18)

OU

Heureux les pauvres de cœur,
car le royaume des Cieux
est à eux. Heureux les doux,
car ils recevront la terre
en héritage. (Mt 5, 3. 5)

Prière après la communion

Nous avons été fortifiés par le sacrement de notre rédemption, et nous t'en prions, Seigneur : que cette nourriture pour le salut éternel nous fasse progresser dans la foi véritable. Par le Christ, notre Seigneur. ***— Amen.***

INVITATION

Et si, aujourd'hui, je m'efforçais de me mettre à la place de chacun de mes interlocuteurs ?

COMMENTAIRE

L'effet de la grâce

2 Corinthiens 6, 1-10

« Ne pas laisser sans effet la grâce reçue de lui. » Cette invitation de Paul adressée à la communauté de Corinthe nous rejoint ici et maintenant. Car nous sommes au « moment favorable », en ce sens que nous pouvons choisir, ou non, de faire fructifier la grâce de Dieu : celle d'avoir été créés à son image et ressemblance, celle d'avoir revêtu le Christ et d'avoir reçu les sept dons de l'Esprit lors de notre baptême et de notre confirmation, celle d'être visités par Dieu dans sa parole et son pain. ■

Emmanuelle Billoteau, *ermite*

MARDI 20 JUIN 2023

11E SEMAINE DU TEMPS ORDINAIRE COULEUR LITURGIQUE : VERT

Temps ordinaire, *suggestion d'oraisons et d'antiennes nº 5*

Antienne d'ouverture

Venez, adorons Dieu, prosternons-nous devant le Seigneur qui nous a faits, car il est notre Dieu. (cf. Ps 94, 6-7)

Prière

Dans ton inlassable tendresse, nous t'en prions, Seigneur, veille sur ta famille : elle s'appuie sur la grâce du ciel, son unique espérance ; qu'elle soit toujours assurée de ta protection. Par Jésus… — ***Amen.***

Lecture

de la deuxième lettre de saint Paul apôtre aux Corinthiens (8, 1-9)

« Le Christ s'est fait pauvre à cause de vous »

Frères, nous voulons vous faire connaître la grâce que Dieu a accordée aux Églises de Macédoine. Dans les multiples détresses qui les mettaient à l'épreuve, l'abondance de leur joie et leur extrême pauvreté ont débordé en trésors de générosité. Ils y ont mis tous leurs moyens, et davantage même, j'en suis témoin ; spontanément, avec grande insistance, ils nous ont demandé comme une grâce de pouvoir s'unir à nous pour aider les fidèles de Jérusalem. Au-delà même de nos espérances, ils se sont eux-mêmes donnés d'abord au Seigneur, et ensuite à nous, par

18 - 24

la volonté de Dieu. Et comme Tite avait déjà commencé, chez vous, cette œuvre généreuse, nous lui avons demandé d'aller jusqu'au bout. Puisque vous avez tout en abondance, la foi, la Parole, la connaissance de Dieu, toute sorte d'empressement et l'amour qui vous vient de nous, qu'il y ait aussi abondance dans votre don généreux ! Ce n'est pas un ordre que je donne, mais je parle de l'empressement des autres pour vérifier l'authenticité de votre charité. Vous connaissez en effet le don généreux de notre Seigneur Jésus Christ : lui qui est riche, il s'est fait pauvre à cause de vous, pour que vous deveniez riches par sa pauvreté. – Parole du Seigneur.

Psaume 145 (146)

℟ ***Chante, ô mon âme, la louange du Seigneur !***
OU ***Alléluia !***

Je veux louer le Seigneur
tant que je vis,
chanter mes hymnes pour mon Dieu
tant que je dure. ℟

Heureux qui s'appuie sur le Dieu de Jacob,
qui met son espoir dans le Seigneur son Dieu,
lui qui a fait le ciel et la terre
et la mer et tout ce qu'ils renferment ! ℟

Il garde à jamais sa fidélité,
il fait justice aux opprimés,
aux affamés, il donne le pain ;
le Seigneur délie les enchaînés. ℟

Le Seigneur ouvre les yeux des aveugles,
le Seigneur redresse les accablés,
le Seigneur aime les justes,
le Seigneur protège l'étranger. ℟

Acclamation de l'Évangile

Alléluia. Alléluia. Je vous donne un commandement nouveau, dit le Seigneur : « Aimez-vous les uns les autres, comme je vous ai aimés. » ***Alléluia.***

Évangile de Jésus Christ

selon saint Matthieu (5, 43-48)

« Aimez vos ennemis »

En ce temps-là, Jésus disait à ses disciples : « Vous avez appris qu'il a été dit : *Tu aimeras ton prochain et tu haïras ton ennemi*. Eh bien ! moi, je vous dis : Aimez vos ennemis, et priez pour ceux qui vous persécutent, afin d'être vraiment les fils de votre Père qui est aux cieux ; car il fait lever son soleil sur les méchants* et sur les bons, il fait tomber la pluie sur les justes et sur les injustes. En effet, si vous aimez ceux qui vous aiment, quelle récompense méritez-vous ? Les publicains eux-mêmes n'en font-ils pas autant ? Et si vous ne saluez que vos frères, que faites-vous d'extra-ordinaire ? Les païens eux-mêmes n'en font-ils pas autant ? Vous donc, vous serez parfaits comme votre Père céleste est parfait. »

Prière sur les offrandes

Seigneur notre Dieu, tu as choisi dans ta création ces aliments qui soutiennent notre fragilité ; nous t'en prions : fais qu'ils deviennent aussi pour nous le sacrement de la vie éternelle. Par le Christ, notre Seigneur. ***— Amen.***

Antienne de la communion

Qu'ils rendent grâce au Seigneur
pour sa miséricorde, pour
ses merveilles envers les hommes :
car il rassasie l'âme épuisée,
il comble de biens celle qui a faim !
(cf. Ps 106, 8-9)

OU

Heureux ceux qui pleurent,
car ils seront consolés. Heureux
ceux qui ont faim et soif
de la justice, car ils seront rassasiés.
(Mt 5, 4.6)

Prière après la communion

Tu as voulu, Seigneur Dieu, que nous ayons part au même pain et à la même coupe ; nous t'en prions : puisque nous sommes devenus un dans le Christ, que notre manière de vivre nous donne la joie de porter du fruit pour le salut du monde. Par le Christ, notre Seigneur. ***— Amen.***

INVITATION

Je peux chanter ma louange à Dieu en répétant :
« Je veux louer le Seigneur tant que je vis. »

COMMENTAIRE

Recentrement 2 Corinthiens 8, 1-9

Paul rappelle que les situations de détresse et la joie ne sont pas incompatibles, pas plus que ne le sont la pauvreté et la générosité. La joie n'est-elle pas un « fruit de l'Esprit » (Ga 5, 22) dont nous savons qu'il est « amour [...] répandu en nos cœurs » (Rm 5, 5) ? Si l'Esprit dilate le cœur, un cœur dilaté peut néanmoins être un cœur souffrant. Voilà pourquoi Paul recentre les Corinthiens sur le Seigneur Jésus Christ qui, dans son incarnation et sa mort tragique sur la Croix, nous a enrichis de « sa pauvreté ». ■

Emmanuelle Billoteau, *ermite*

✲ CLÉ DE LECTURE

« Sur les méchants » Matthieu 5, 45 *(p. 147)*

Jésus invite ses amis à entrer dans le regard de Dieu dont la générosité est sans faille, qui sème à profusion, qui dispense le soleil et la pluie sur les méchants et les injustes comme sur les justes. Après les exigences radicales que son discours vient d'énoncer, cette invitation surprend. Quel est ce Dieu qui accueille aussi bien la méchanceté et l'injustice ? Est-ce acceptable ? Jésus ne se préoccupe pas d'une telle question. Il invite à un amour sans limite, comme il invitait à combattre sans limite le mal en soi et dans les relations avec les autres. Seul un amour comme celui du Père peut éteindre en nous le désir de vengeance, la jalousie, la haine. S'émerveiller du don de Dieu, c'est accepter de voir le monde comme le Père lui-même le voit. ■

Roselyne Dupont-Roc, *bibliste*

MERCREDI 21 JUIN 2023

11ᴱ SEMAINE DU TEMPS ORDINAIRE COULEUR LITURGIQUE : BLANC

Saint Louis de Gonzague

1568-1591. Issu d'une illustre famille de Mantoue, il renonça à ses droits pour entrer chez les Jésuites. Il mourut, à 23 ans, après s'être dévoué aux pestiférés de Rome.

Antienne d'ouverture

L'homme au cœur pur, aux mains innocentes,
celui-là peut gravir la montagne du Seigneur
et se tenir dans le lieu saint. (cf. Ps 23, 4.3)

Prière

Seigneur Dieu, source de tous les dons spirituels, tu as uni en saint Louis de Gonzague la pratique de la pénitence et une admirable pureté de vie ; nous n'avons pas la même innocence, mais accorde-nous, à sa prière et par ses mérites, d'imiter son renoncement. Par Jésus… ***— Amen.***

Lecture

de la deuxième lettre de saint Paul apôtre aux Corinthiens (9, 6-11)

« Dieu aime celui qui donne joyeusement »

Frères, rappelez-vous le proverbe : À semer trop peu, on récolte trop peu ; à semer largement, on récolte largement. Que chacun donne comme il a décidé dans son cœur, sans regret et sans contrainte, car Dieu aime celui qui donne joyeusement*. Et Dieu est assez puissant pour vous donner toute grâce en abondance, afin que vous ayez, en toute chose et toujours, tout ce qu'il vous faut, et même que vous ayez en abondance de quoi faire

toute sorte de bien. L'Écriture dit en effet de l'homme juste : *Il distribue, il donne aux pauvres ; sa justice demeure à jamais*. Dieu, qui fournit la semence au semeur et le pain pour la nourriture, vous fournira la graine ; il la multipliera, il donnera la croissance à ce que vous accomplirez dans la justice. Il vous rendra riches en générosité de toute sorte, ce qui suscitera notre action de grâce envers Dieu.
– Parole du Seigneur.

Psaume 111 (112)

℟ ***Heureux qui craint le Seigneur.***
ou ***Alléluia !***

Heureux qui cr**a**int le Seigneur,
qui aime entièrem**e**nt sa volonté !
Sa lignée sera puiss**a**nte sur la terre ;
la race des j**u**stes est bénie. ℟

Les richesses affl**u**ent dans sa maison :
à jamais se maintiendr**a** sa justice.
Lumière des cœurs droits,
il s'est lev**é** dans les ténèbres,
homme de justice, de tendr**e**sse
et de pitié. ℟

L'homme de bien a piti**é**, il partage,
à pleines mains, il d**o**nne au pauvre ;
à jamais se maintiendr**a** sa justice,
sa puissance grandir**a**, et sa gloire ! ℟

Acclamation de l'Évangile

Alléluia. Alléluia. Si quelqu'un m'aime, il gardera ma parole, dit le Seigneur ; mon Père l'aimera, et nous viendrons vers lui. ***Alléluia.***

Évangile de Jésus Christ

selon saint Matthieu (6, 1-6.16-18)

« Ton Père qui voit dans le secret te le rendra »

En ce temps-là, Jésus disait à ses disciples : « Ce que vous faites pour devenir des justes, évitez de l'accomplir devant les hommes pour vous faire remarquer. Sinon, il n'y a pas de récompense pour vous auprès de votre Père qui est aux cieux. Ainsi, quand tu fais l'aumône, ne fais pas sonner la trompette devant toi, comme les hypocrites qui se donnent en spectacle dans les synagogues et dans les rues, pour obtenir la gloire qui vient des hommes. Amen, je vous le déclare : ceux-là ont reçu leur récompense. Mais toi, quand tu fais l'aumône, que ta main gauche ignore ce que fait ta main droite, afin que ton aumône reste dans le secret ; ton Père qui voit dans le secret te le rendra.

« Et quand vous priez, ne soyez pas comme les hypocrites : ils aiment à se tenir debout dans les synagogues et aux carrefours pour bien se montrer aux hommes quand ils prient. Amen, je vous le déclare : ceux-là ont reçu leur récompense. Mais toi, quand tu pries, retire-toi dans ta pièce la plus retirée, ferme la porte, et prie ton Père qui est présent dans le secret ; ton Père qui voit dans le secret te le rendra.

« Et quand vous jeûnez, ne prenez pas un air abattu, comme les hypocrites : ils prennent une mine

défaite pour bien montrer aux hommes qu'ils jeûnent. Amen, je vous le déclare : ceux-là ont reçu leur récompense. Mais toi, quand tu jeûnes, parfume-toi la tête et lave-toi le visage ; ainsi, ton jeûne ne sera pas connu des hommes, mais seulement de ton Père qui est présent au plus secret ; ton Père qui voit au plus secret te le rendra. »

Prière sur les offrandes

Fais que nous prenions place à ton banquet, Seigneur, portant toujours le vêtement de noce comme saint Louis de Gonzague, afin que la participation à cette eucharistie nous enrichisse de ta grâce. Par le Christ, notre Seigneur.
— Amen.

Antienne de la communion

Le Seigneur donne à son peuple
le froment du ciel ;
chacun se nourrit du pain des Forts.
(cf. Ps 77, 24-25)

Prière après la communion

Après nous avoir nourris du pain des anges, Seigneur, donne-nous de te servir par une vie très pure ; à l'exemple de celui que nous fêtons aujourd'hui, puissions-nous rester toujours dans l'action de grâce. Par le Christ, notre Seigneur. ***— Amen.***

INVITATION

Je peux lire le § 140 de la lettre encyclique *Tous frères,* du pape François.

COMMENTAIRE

Don libre 2 Corinthiens 9, 6-11

« Dieu aime qui donne joyeusement. » D'un fait très concret, telle une collecte, Paul tire un enseignement qui nous conduit à la contemplation de Dieu, Père, Fils et Esprit. Il fustige le don contraint. Ce faisant, il nous suggère d'apprendre à donner comme le Christ, en toute liberté. Sans oublier que Dieu est le Dieu de la surabondance et non de la mesquinerie. Or n'est-ce pas à l'image de ce Dieu-là que nous avons été créés ? Un beau programme de vie s'ouvre à chacun selon la grâce reçue de Dieu. ■

Emmanuelle Billoteau, *ermite*

❊ CLÉ DE LECTURE

« Joyeusement » 2 Corinthiens 9, 7 *(p. 150)*

Dans ce billet, Paul exhorte les Corinthiens à se montrer généreux envers la communauté de Jérusalem frappée par la famine. Il cite le texte grec des Proverbes, que l'on pourrait traduire ainsi : Dieu aime le donateur « hilare » ! En fait, l'adjectif renvoie aussi à l'accueil bienveillant et favorable qui est souvent l'attitude de la divinité. Donner avec joie et bonté, c'est entrer dans le mode d'agir de Dieu. Le texte décrit alors la somptueuse générosité de Dieu qui se manifeste dans la croissance du grain et le don du pain. Un parallèle s'établit : la justice du donateur va croître, elle aussi, et s'étendre comme une plante. Plus encore, elle fait naître la reconnaissance envers Dieu, appelée « action de grâce ». Un enseignement sur l'eucharistie ? ■

Roselyne Dupont-Roc, *bibliste*

JEUDI 22 JUIN 2023

11E SEMAINE DU TEMPS ORDINAIRE COULEUR LITURGIQUE : VERT

Temps ordinaire, *suggestion d'oraisons et d'antiennes n° 6*
ou **saint Jean Fisher et saint Thomas More**
ou **saint Paulin de Nole**

Antienne d'ouverture

Sois pour moi le Dieu qui protège, un lieu de refuge pour me sauver. Car tu es mon appui et mon refuge : à cause de ton nom, tu seras mon guide et tu me nourriras. (cf. Ps 30, 3-4)

Prière

Seigneur Dieu, tu as promis d'habiter les cœurs droits et sincères ; donne-nous, par ta grâce, de vivre de telle manière que tu puisses faire en nous ta demeure. Par Jésus… ***— Amen.***

Lecture

de la deuxième lettre de saint Paul apôtre aux Corinthiens (11, 1-11)

« Je vous ai annoncé l'Évangile de Dieu gratuitement »

18 - 24

Frères, pourriez-vous supporter de ma part un peu de folie ? Oui, de ma part, vous allez le supporter, à cause de mon amour jaloux qui est l'amour même de Dieu pour vous. Car je vous ai unis au seul Époux : vous êtes la vierge pure que j'ai présentée au Christ. Mais j'ai bien peur qu'à l'exemple d'Ève séduite par la ruse du serpent, votre intelligence des choses ne se corrompe en perdant la simplicité et la pureté qu'il faut

avoir à l'égard du Christ. En effet, si le premier venu vous annonce un autre Jésus, un Jésus que nous n'avons pas annoncé, si vous recevez un esprit différent de celui que vous avez reçu, ou un Évangile différent de celui que vous avez accueilli, vous le supportez fort bien ! J'estime, moi, que je ne suis inférieur en rien à tous ces super-apôtres. Je ne vaux peut-être pas grand-chose pour les discours, mais pour la connaissance de Dieu, c'est différent : nous vous l'avons montré en toute occasion et de toutes les façons. Aurais-je commis une faute lorsque, m'abaissant pour vous élever, je vous ai annoncé l'Évangile de Dieu gratuitement ? J'ai appauvri d'autres Églises en recevant d'elles l'argent nécessaire pour me mettre à votre service. Quand j'étais chez vous, et que je me suis trouvé dans le besoin, je n'ai été à charge de personne ; en effet, pour m'apporter ce dont j'avais besoin, des frères sont venus de Macédoine. En toute occasion, je me suis gardé d'être un poids pour vous, et je m'en garderai toujours. Aussi sûrement que la vérité du Christ est en moi, ce motif de fierté ne me sera enlevé dans aucune des régions de la Grèce. Pourquoi donc me comporter ainsi ? Serait-ce parce que je ne vous aime pas ? Mais si ! Et Dieu le sait.

– Parole du Seigneur.

Psaume 110 (111)

℟ ***Justesse et sûreté, les œuvres de ses mains.*** OU ***Alléluia !***

De tout cœur je rendrai gr<u>â</u>ce au Seigneur
dans l'assemblée, parm<u>i</u> les justes.

Grandes sont les œ<u>u</u>vres du Seigneur ;
tous ceux qui les <u>a</u>iment s'en instruisent. ℟

Noblesse et beauté dans ses actions :
à jamais se maintiendra sa justice.
De ses merveilles il a laissé un mémorial ;
le Seigneur est tendresse et pitié. ℟

Justesse et sûreté, les œuvres de ses mains,
sécurité, toutes ses lois,
établies pour toujours et à jamais,
accomplies avec droiture et sûreté ! ℟

Acclamation de l'Évangile

Alléluia. Alléluia. Vous avez reçu un Esprit qui fait de vous des fils ; c'est en lui que nous crions « *Abba* », Père. ***Alléluia.***

Évangile de Jésus Christ

selon saint Matthieu (6, 7-15)

« Vous donc, priez ainsi »

En ce temps-là, Jésus disait à ses disciples : « Lorsque vous priez, ne rabâchez pas comme les païens : ils s'imaginent qu'à force de paroles ils seront exaucés. Ne les imitez donc pas, car votre Père sait de quoi vous avez besoin, avant même que vous l'ayez demandé. Vous donc, priez ainsi : Notre Père, qui es aux cieux, que ton nom soit sanctifié, que ton règne vienne, que ta volonté soit faite sur la terre comme au ciel. Donne-nous aujourd'hui notre pain de ce jour. Remets-nous nos dettes, comme nous-mêmes nous remettons* leurs dettes à nos débiteurs. Et ne nous laisse pas entrer en tentation, mais délivre-nous du Mal.
« Car, si vous pardonnez aux hommes leurs fautes, votre Père céleste vous pardonnera aussi. Mais si vous ne pardonnez pas aux hommes, votre Père non plus ne pardonnera pas vos fautes. »

Prière sur les offrandes

Que cette offrande, nous t'en prions, Seigneur, nous purifie et nous renouvelle ; qu'elle devienne pour ceux qui accomplissent ta volonté la cause de la récompense éternelle. Par le Christ, notre Seigneur. **— Amen.**

Antienne de la communion

Ils mangèrent, ils furent rassasiés,
Dieu comblait leur désir,
leur attente ne fut pas trompée.
(Ps 77, 29-30)

OU

Dieu a tant aimé le monde
qu'il a donné son Fils unique :
ainsi, celui qui croit en lui
ne périra pas, mais il obtiendra
la vie éternelle. (Jn 3, 16)

Prière après la communion

Tu nous as fait goûter, Seigneur, aux joies du ciel, et nous te prions : donne-nous de toujours désirer ce qui nous fait vivre en vérité. Par le Christ, notre Seigneur. **— Amen.**

INVITATION

Laquelle des sept demandes du Notre Père puis-je méditer particulièrement aujourd'hui ?

COMMENTAIRE

Esprit de fidélité 2 Corinthiens 11, 1-11

Paul présente l'Église comme l'Épouse du Christ, dans la ligne du Cantique des Cantiques ou du livre d'Osée qui utilisent cette métaphore nuptiale au sujet d'Israël et de sa vie en alliance avec Dieu. Si l'Église est née de l'Esprit et est appelée à vivre en Dieu et de Dieu, elle n'en est pas moins exposée à la tentation de s'éloigner de son unique Seigneur, en se laissant séduire par des discours qui n'ont plus rien à voir avec l'Évangile. Voilà qui nous invite aujourd'hui encore à la vigilance. ■

***Emmanuelle Billoteau,** ermite*

✻ CLÉ DE LECTURE

« Comme nous-mêmes nous remettons » Matthieu 6, 12 *(p. 157)*

Une surprise peut-être pour qui récite chaque jour le Notre Père : il ne s'agit pas d'offenses et d'offenseurs, mais de dettes et de débiteurs. En araméen, « dette » peut désigner le péché, et sa transposition en grec est donnée aussitôt en « nos fautes ». Pourtant, les résonances du mot « dette » sont autres : elles nous déplacent du plan moral coutumier à celui du don reçu et de ce que l'on doit en retour. Notre dette envers Dieu, c'est la vie et l'amour dont nous ne sommes jamais assez conscients, dont nous ne savons pas rendre grâce. Les dettes que d'autres ont envers nous, c'est aussi cet amour que nous avons donné et dont nous attendons retour. Nous demandons à Dieu d'effacer notre dette, savons-nous renoncer à ces retours auxquels nous prétendons si souvent ? ■

***Roselyne Dupont-Roc,** bibliste*

VENDREDI 23 JUIN 2023

11E SEMAINE DU TEMPS ORDINAIRE COULEUR LITURGIQUE : VERT

Temps ordinaire, *suggestion d'oraisons et d'antiennes n° 7*

Antienne d'ouverture

Seigneur, j'ai mis mon espoir en ta miséricorde ;
mon cœur a exulté dans ton salut ! Je chanterai le Seigneur
pour le bien qu'il m'a fait. (cf. Ps 12, 6)

Prière

Dieu tout-puissant, nous t'en prions : accorde-nous de conformer à ta volonté nos paroles et nos actes dans une inlassable recherche des biens spirituels. Par Jésus…

— Amen.

Lecture

de la deuxième lettre de saint Paul apôtre aux Corinthiens (11, 18.21b-30)

« Ma préoccupation quotidienne, le souci de toutes les Églises »

Frères, puisque tant d'autres se vantent à la manière humaine ; eh bien, je vais, moi aussi, me vanter. *Si* **certains ont de l'audace – je parle dans un accès de folie –, j'ai de l'audace, moi aussi. Ils sont hébreux ? Moi aussi. Ils sont israélites ? Moi aussi. Ils sont de la descendance d'Abraham ? Moi aussi. Ils sont ministres du Christ ? Eh bien – je vais dire une folie – moi, je le suis davantage : dans les fatigues, bien plus ; dans les prisons, bien plus ; sous les coups, largement plus ; en danger de mort,**

très souvent. Cinq fois, j'ai reçu des Juifs les trente-neuf coups de fouet ; trois fois, j'ai subi la bastonnade ; une fois, j'ai été lapidé ; trois fois, j'ai fait naufrage et je suis resté vingt-quatre heures perdu en pleine mer. Souvent à pied sur les routes, avec les dangers des fleuves, les dangers des bandits, les dangers venant de mes frères de race, les dangers venant des païens, les dangers de la ville, les dangers du désert, les dangers de la mer, les dangers des faux frères. J'ai connu la fatigue et la peine, souvent le manque de sommeil, la faim et la soif, souvent le manque de nourriture, le froid et le manque de vêtements, sans compter tout le reste : ma préoccupation quotidienne, le souci de toutes les Églises. Qui donc faiblit, sans que je partage sa faiblesse ? Qui vient à tomber, sans que cela me brûle ? S'il faut se vanter, je me vanterai de ce qui fait ma faiblesse. – Parole du Seigneur.

Psaume 33 (34)

℟ ***De toutes leurs angoisses, Dieu délivre les justes.***

Je bénirai le Seigneur en tout temps,
sa louange sans cesse à mes lèvres.
Je me glorifierai dans le Seigneur :
que les pauvres m'entendent
et soient en fête ! ℟

Magnifiez avec moi le Seigneur,
exaltons tous ensemble son nom.
Je cherche le Seigneur, il me répond :
de toutes mes frayeurs, il me délivre. ℟

Qui regarde vers lui resplendira,
sans ombre ni trouble au visage.
Un pauvre crie ; le Seigneur entend :
il le sauve de toutes ses angoisses. ℟

Acclamation de l'Évangile

Alléluia. Alléluia. Heureux les pauvres de cœur, car le royaume des Cieux est à eux ! ***Alléluia.***

Évangile de Jésus Christ

selon saint Matthieu (6, 19-23)

« Là où est ton trésor, là aussi sera ton cœur »

En ce temps-là, Jésus disait à ses disciples : « Ne vous faites pas de trésors sur la terre, là où les mites et les vers les dévorent, où les voleurs percent les murs pour voler. Mais faites-vous des trésors dans le ciel, là où il n'y a pas de mites ni de vers qui dévorent, pas de voleurs qui percent les murs pour voler. Car là où est ton trésor, là aussi sera ton cœur. La lampe du corps, c'est l'œil. Donc, si ton œil est limpide*, ton corps tout entier sera dans la lumière ; mais si ton œil est mauvais, ton corps tout entier sera dans les ténèbres. Si donc la lumière qui est en toi est ténèbres, comme elles seront grandes, les ténèbres ! »

Prière sur les offrandes

En célébrant tes mystères, Seigneur, pour te servir comme il convient, nous te supplions humblement : que les dons offerts pour honorer ta gloire nous fassent progresser vers le salut. Par le Christ, notre Seigneur. — ***Amen.***

Antienne de la communion

De tout mon cœur, Seigneur,
je rendrai grâce, je dirai
tes innombrables merveilles ;
pour toi, j'exulterai, je danserai,
je fêterai ton nom, Dieu Très-Haut.
(Ps 9, 2-3)

OU

Seigneur, je le crois :
tu es le Christ, le Fils du Dieu vivant,
celui qui vient dans le monde.
(Jn 11, 27)

Prière après la communion

Nous t'en prions, Dieu tout-puissant : donne-nous de recueillir tous les fruits de salut dont ces mystères sont déjà la promesse et le gage. Par le Christ, notre Seigneur. — ***Amen.***

INVITATION

En cette période d'examens, je pourrais écrire un mot d'encouragement à un collégien, un lycéen, un étudiant ou même un enseignant.

COMMENTAIRE

Un souci vivace 2 Corinthiens 11, 18.21b-30

Paul tente de se justifier. N'ayant pas connu Jésus selon la chair, sa légitimité a souvent été remise en question. Que pouvons-nous retenir de ce passage à teneur autobiographique ? D'abord, le souci que Paul a de toutes les Églises dans leurs besoins spirituels et humains. Et puis, l'expérience de sa propre fragilité, laquelle n'est pas sans lien avec l'empathie qu'il exprime à l'égard de ceux qui faiblissent et tombent. Une fragilité qui, manifestement, devient le creuset de l'action de Dieu. ■

Emmanuelle Billoteau, *ermite*

✣ CLÉ DE LECTURE

« Limpide » Matthieu 6, 22 *(p. 162)*

Dans la tradition populaire, l'œil est comparé à une lampe car c'est lui qui permet de voir. L'adjectif traduit par « limpide » s'oppose ici à « mauvais », ce qui est rare. Normalement, il signifie « simple » et s'oppose à la duplicité. La simplicité évoque ailleurs la gratuité, le don sans réserve, la transparence opposée à l'opacité. Ce n'est évidemment pas l'œil organe qui est visé, mais la façon de voir et, pourrait-on dire, la qualité du regard. Car selon la clarté du regard posé, le monde apparaîtra lumineux et révélera la présence aimante de son Créateur ou, au contraire, il se manifestera comme lieu de haine et de division, lieu d'abandon et de ténèbres. Mais l'homme qui ne sait voir que le mal n'est-il pas lui-même plongé dans les ténèbres ? ■

Roselyne Dupont-Roc, *bibliste*

SAMEDI 24 JUIN 2023

COULEUR LITURGIQUE : BLANC

Nativité de saint Jean Baptiste

L'Église célèbre dans la joie la naissance de Jean Baptiste, qui est venu pour rendre témoignage à la lumière au seuil des temps nouveaux.

Antienne d'ouverture

Il y eut un homme, envoyé par Dieu ; son nom était Jean.
Il était venu comme témoin, pour rendre témoignage à la Lumière,
et préparer au Seigneur un peuple bien disposé. (Jn 1, 6-7 ; Lc 1, 17)

Gloire à Dieu *(p. 216)*

Prière

Seigneur Dieu, tu as suscité le bienheureux Jean le Baptiste afin qu'il prépare pour le Christ Seigneur un peuple disposé à l'accueillir ; accorde à ton Église le don de la joie spirituelle, et guide l'esprit de tous les croyants sur le chemin du salut et de la paix. Par Jésus… ***– Amen.***

Lectures propres à la solennité de la nativité de saint Jean Baptiste.

18 - 24

Lecture

du livre du prophète Isaïe (49, 1-6)

« Je fais de toi la lumière des nations »

Écoutez-moi, îles lointaines ! Peuples éloignés, soyez attentifs ! J'étais encore dans le sein maternel quand le Seigneur m'a appelé ; j'étais encore dans les entrailles de ma mère quand il a prononcé mon

nom. Il a fait de ma bouche une épée tranchante, il m'a protégé par l'ombre de sa main ; il a fait de moi une flèche acérée, il m'a caché dans son carquois. Il m'a dit : « Tu es mon serviteur, Israël, en toi je manifesterai ma splendeur. » Et moi, je disais : « Je me suis fatigué pour rien, c'est pour le néant, c'est en pure perte que j'ai usé mes forces. » Et pourtant, mon droit subsistait auprès du Seigneur, ma récompense, auprès de mon Dieu. Maintenant le Seigneur parle, lui qui m'a façonné dès le sein de ma mère pour que je sois son serviteur, que je lui ramène Jacob, que je lui rassemble Israël. Oui, j'ai de la valeur aux yeux du Seigneur, c'est mon Dieu qui est ma force. Et il dit : « C'est trop peu que tu sois mon serviteur pour relever les tribus de Jacob, ramener les rescapés d'Israël : je fais de toi la lumière des nations, pour que mon salut parvienne jusqu'aux extrémités de la terre. »
– Parole du Seigneur.

Psaume 138 (139)

℟ ***Je te rends grâce, ô mon Dieu, pour tant de merveilles.***

Tu me scrutes, Seigneur, et tu sais !
Tu sais quand je m'assois, quand je me lève ;
de très loin, tu pénètres mes pensées,
tous mes chemins te sont familiers. ℟

C'est toi qui as créé mes reins,
qui m'as tissé dans le sein de ma mère.
Je reconnais devant toi le prodige,
l'être étonnant que je suis. ℟

Étonnantes sont tes œuvres,
toute mon âme le sait.
Mes os n'étaient pas cachés pour toi
quand j'étais façonné dans le secret. ℟

Lecture

du livre des Actes des Apôtres (13, 22-26)

« Jean le Baptiste a préparé l'avènement de Jésus »

En ces jours-là, dans la synagogue d'Antioche de Pisidie, Paul disait aux Juifs : « Dieu a, pour nos pères, suscité David comme roi, et il lui a rendu ce témoignage : *J'ai trouvé David, fils de Jessé ; c'est un homme selon mon cœur qui réalisera toutes mes volontés*. De la descendance de David, Dieu, selon la promesse, a fait sortir un sauveur pour Israël : c'est Jésus, dont Jean le Baptiste a préparé l'avènement en proclamant avant lui un baptême de conversion pour tout le peuple d'Israël. Au moment d'achever sa course, Jean disait : "Ce que vous pensez que je suis, je ne le suis pas. Mais le voici qui vient après moi, et je ne suis pas digne de retirer les sandales de ses pieds." Vous, frères, les fils de la lignée d'Abraham et ceux parmi vous qui craignent Dieu, c'est à nous que la parole du salut a été envoyée. »

– Parole du Seigneur.

Acclamation de l'Évangile

Alléluia. Alléluia. Toi, petit enfant, tu seras appelé prophète du Très-Haut : tu marcheras devant, en présence du Seigneur, et tu prépareras ses chemins. ***Alléluia.***

Évangile de Jésus Christ

selon saint Luc (1, 57-66.80)

« Jean est son nom »

Quand fut accompli le temps où Élisabeth devait enfanter, elle mit au monde un fils. Ses voisins et sa famille apprirent que le Seigneur lui avait montré la grandeur de sa miséricorde, et ils se réjouissaient avec elle. Le huitième jour, ils vinrent pour la circoncision de l'enfant. Ils voulaient l'appeler Zacharie, du nom de son père. Mais sa mère prit la parole et déclara : « Non, il s'appellera Jean. » On lui dit : « Personne dans ta famille ne porte ce nom-là ! » On demandait par signes au père comment il voulait l'appeler. Il se fit donner une tablette sur laquelle il écrivit : « Jean est son nom. » Et tout le monde en fut étonné. À l'instant même, sa bouche s'ouvrit, sa langue se délia : il parlait et il bénissait Dieu. La crainte saisit alors tous les gens du voisinage et, dans toute la région montagneuse de Judée, on racontait tous ces événements. Tous ceux qui les apprenaient les conservaient dans leur cœur et disaient : « Que sera donc cet enfant ? » En effet, la main du Seigneur était avec lui. L'enfant grandissait et son esprit se fortifiait. Il alla vivre au désert jusqu'au jour où il se fit connaître à Israël.

Profession de foi *(p. 217)*

Prière sur les offrandes

Accueille, Seigneur, ces offrandes ; elles sont déposées sur ton autel pour célébrer comme il convient la nativité de saint Jean, car il prophétisa que le Sauveur du monde viendrait, et montra qu'il était déjà parmi nous. Lui qui… — ***Amen.***

Prière eucharistique

(Préface de saint Jean Baptiste)

Vraiment, il est juste et bon, pour ta gloire et notre salut, de t'offrir notre action de grâce, toujours et en tout lieu, Seigneur, Père très saint, Dieu éternel et tout-puissant, par le Christ, notre Seigneur. Nous chantons les merveilles que tu as accomplies pour Jean, le Précurseur de ton Fils ; parmi ceux qui sont nés d'une femme, tu l'as consacré, lui faisant l'honneur d'une mission sans égale. Avant même de naître, il tressaillit d'allégresse à l'approche du Sauveur ; en venant au monde il apportait une grande joie ; il fut, de tous les prophètes, celui qui désigna l'Agneau de la rédemption ; dans les eaux qui devaient en être sanctifiées il baptisa l'auteur du baptême ; et il rendit au Christ le témoignage suprême, celui de son propre sang. C'est pourquoi, avec les puissances des cieux, nous pouvons te bénir sur la terre et t'adorer sans fin en proclamant :

Saint ! Saint ! Saint…

Antienne de la communion

Grâce à la tendresse,
à l'amour de notre Dieu, l'astre
d'en haut est venu nous visiter.
(cf. Lc 1, 78)

Prière après la communion

Au festin des noces de l'Agneau, tu as refait nos forces, Seigneur, et nous te prions : donne à ton Église qui trouve sa joie dans la naissance du bienheureux Jean le Baptiste, de reconnaître en Jésus, dont il annonçait la venue, l'auteur de la nouvelle naissance des croyants. Lui qui… ***— Amen.***

INVITATION

Je peux nommer dans ma prière chaque membre de ma famille et les présenter au Seigneur pour qu'il les bénisse.

COMMENTAIRE

L'homme augmenté Luc 1, 57-66.80

Jean Baptiste restera une énigme pour ses contemporains : « Que sera donc cet enfant ? » ; « Qui es-tu ? » (Jn 1, 19), etc. Sa naissance rappelle celles, « miraculeuses », d'Isaac, de Samson et de tant d'autres. Dieu a posé sa main sur lui. Lampe qui éclaire, voix au service de la Parole, ami de l'Époux appelé à s'effacer devant celui qu'il annonce, il nous renvoie à notre vocation chrétienne, laquelle peut s'exprimer par ce propos : « Il faut qu'il grandisse ; et moi, que je diminue » (Jn 3, 30). ■

Emmanuelle Billoteau, *ermite*

DIMANCHE 25 JUIN 2023

12^E DIMANCHE DU TEMPS ORDINAIRE

ANNÉE A – COULEUR LITURGIQUE : VERT

« Ce que je vous dis dans les ténèbres, dites-le en pleine lumière. » Matthieu 10, 27

« Même les cheveux de votre tête sont tous comptés. » Quel bonheur de se savoir aimés tendrement par le Seigneur. Il prend soin de nous, il nous connaît. Non pas de manière superficielle, mais en profondeur. Nous sommes ses enfants, ses frères, ses sœurs, ses amis. Et il compte sur nous. Pour que, parmi les hommes, nous ne rougissions pas de son amour. Et si nous grandissions en audace pour le Royaume ?

RITES INITIAUX

Chant d'entrée *(Suggestions p. 243)*
OU
Antienne d'ouverture
Le Seigneur est la force de son peuple, le refuge et le salut de son messie. Sauve ton peuple, Seigneur, bénis ton héritage, et conduis-le à jamais. (cf. Ps 27, 8-9)

Suggestion de préparation pénitentielle *(ou p. 214)*
Aujourd'hui, le Seigneur nous appelle à être audacieux, et à ne pas rougir de son amour parmi les hommes. Avec confiance, tournons-nous vers lui et reconnaissons que nous sommes pécheurs.

Seigneur Jésus, tu écoutes la prière des humbles, tu n'oublies pas les tiens emprisonnés. Kyrie, eleison.
— Kyrie, eleison.
Ô Christ, tu scrutes l'homme juste, tu vois les reins et les cœurs. Christe, eleison.
— Christe, eleison.
Seigneur, tu répands ta grâce en abondance, tu invites les hommes à la confiance et à l'audace. Kyrie, eleison.
— Kyrie, eleison.

Que Dieu tout-puissant nous fasse miséricorde ; qu'il nous pardonne nos péchés et nous conduise à la vie éternelle. ***— Amen.***

Gloire à Dieu (p. 216)

Prière

Fais-nous vivre à tout moment, Seigneur, dans l'amour et le respect de ton saint nom, toi qui ne cesses jamais de guider ceux que tu enracines solidement dans ta charité. Par Jésus… ***— Amen.***

LITURGIE DE LA PAROLE

Lecture du livre du prophète Jérémie (20, 10-13)

« Il a délivré le malheureux de la main des méchants »

Moi Jérémie, j'entends les calomnies de la foule : « Dénoncez-le ! Allons le dénoncer, celui-là, l'Épouvante-de-tous-côtés. » Tous mes amis guettent mes faux pas, ils disent : « Peut-être se laissera-t-il séduire… Nous réussirons, et nous prendrons sur lui notre revanche ! » Mais le Seigneur est avec moi, tel un guerrier redoutable : mes persécuteurs trébucheront, ils ne réussiront pas. Leur défaite les couvrira de honte, d'une confusion éternelle, inoubliable.

Seigneur de l'univers, toi qui scrutes l'homme juste, toi qui vois les reins et les cœurs, fais-moi voir la revanche que tu leur infligeras, car c'est à toi que j'ai remis ma cause.

Chantez le Seigneur, louez le Seigneur : il a délivré le malheureux de la main des méchants. – Parole du Seigneur.

Psaume 68 (69)

℟ ***Dans ton grand amour, Dieu, réponds-moi.***

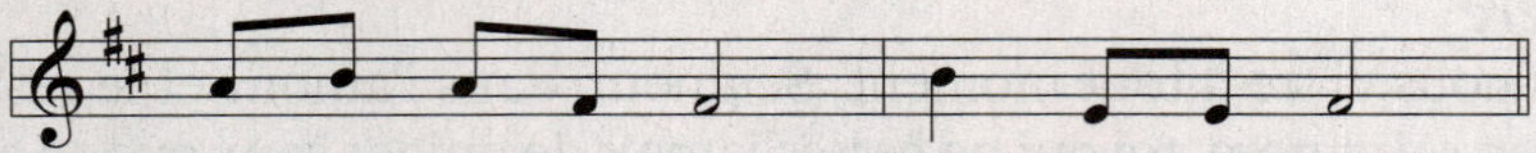

T. : AELF; M. : L. Groslambert; Éd. : ADF.

C'est pour toi que j'endure l'insulte,
que la honte me couvre le visage :
je suis un étranger pour mes frères,
un inconnu pour les fils de ma mère.
L'amour de ta maison m'a perdu ;
on t'insulte, et l'insulte retombe sur moi. ℟

Et moi, je te prie, Seigneur :
c'est l'heure de ta grâce ;
dans ton grand amour, Dieu, réponds-moi,
par ta vérité sauve-moi.

Retrouvez ce psaume sur le CD "Les psaumes de l'année A"

Réponds-moi, Seigneur, car il est bon, ton amour ;
dans ta grande tendresse, regarde-moi. ℟

Les pauvres l'ont vu, ils sont en fête :
« Vie et joie, à vous qui cherchez Dieu ! »
Car le Seigneur écoute les humbles,
il n'oublie pas les siens emprisonnés.
Que le ciel et la terre le célèbrent,
les mers et tout leur peuplement ! ℟

Lecture de la lettre de saint Paul apôtre aux Romains (5, 12-15)

Le don gratuit de Dieu et la faute n'ont pas la même mesure

Frères, nous savons que par un seul homme, le péché est entré dans le monde, et que par le péché est venue la mort ; et ainsi, la mort est passée en tous les hommes, étant donné que tous ont péché. Avant la loi de Moïse, le péché était déjà dans le monde, mais le péché ne peut être imputé à personne tant qu'il n'y a pas de loi. Pourtant, depuis Adam jusqu'à Moïse, la mort a établi son règne, même sur ceux qui n'avaient pas péché par une transgression semblable à celle d'Adam. Or, Adam préfigure celui qui devait venir. Mais il n'en va pas du don gratuit comme de la faute. En effet, si la mort a frappé la multitude par la faute d'un seul, combien plus la grâce de Dieu s'est-elle répandue en abondance sur la multitude, cette grâce qui est donnée en un seul homme, Jésus Christ. – Parole du Seigneur.

Acclamation de l'Évangile

Alléluia. Alléluia. L'Esprit de vérité rendra témoignage en ma faveur, dit le Seigneur. Et vous aussi, vous allez rendre témoignage. ***Alléluia.***

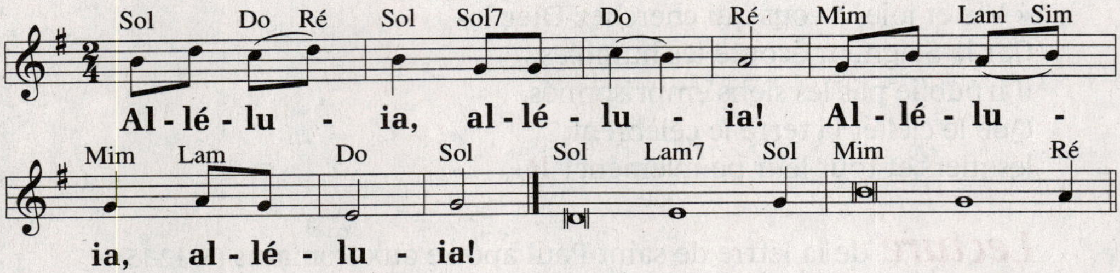

U 76-99; T. : AELF; M. : P. Robert; ADF-Musique.

Évangile de Jésus Christ selon saint Matthieu (10, 26-33)

« Ne craignez pas ceux qui tuent le corps »

En ce temps-là, Jésus disait à ses Apôtres : « Ne craignez pas les hommes ; rien n'est voilé qui ne sera dévoilé, rien n'est caché qui ne sera connu. Ce que je vous dis dans les ténèbres, dites-le en pleine lumière ; ce que vous entendez au creux de l'oreille, proclamez-le sur les toits.

« Ne craignez pas ceux qui tuent le corps sans pouvoir tuer l'âme ; craignez plutôt celui qui peut faire périr dans la géhenne l'âme aussi bien que le corps. Deux moineaux ne sont-ils pas vendus pour un sou ? Or, pas un seul ne tombe à terre sans que votre Père

le veuille. Quant à vous, même les cheveux de votre tête sont tous comptés. Soyez donc sans crainte : vous valez bien plus qu'une multitude de moineaux. Quiconque se déclarera pour moi devant les hommes, moi aussi je me déclarerai pour lui devant mon Père qui est aux cieux. Mais celui qui me reniera devant les hommes, moi aussi je le renierai devant mon Père qui est aux cieux. »

Homélie

Profession de foi *(p. 217)*

Suggestion de prière universelle

Le prêtre :

« Soyez donc sans crainte : vous valez bien plus qu'une multitude de moineaux. » Avec confiance, faisons monter vers Dieu notre Père, la prière de tous les habitants du monde.

℟ ***Pleins de confiance, nous te prions, Seigneur.***

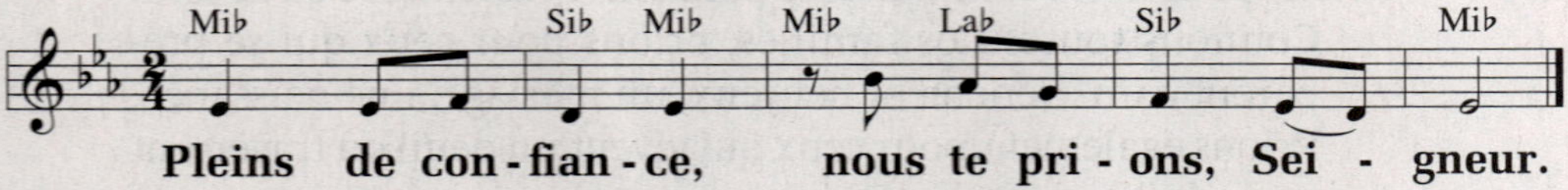

Z 129-20

℟ ***Pleins de confiance, nous te prions, Seigneur.***

Le diacre ou un lecteur :

Prions pour notre Église. Confions au Seigneur tous ceux qui vont être ordonnés prêtres aujourd'hui ou dans les prochains jours. Prions aussi pour tous les chrétiens, appelés à approfondir leur vocation de baptisés. Avec confiance, prions le Seigneur. ℟

Prions pour l'abolition de la torture. Prions pour que la communauté internationale s'engage concrètement dans l'abolition de la torture. Prions pour qu'elle assure un soutien aux victimes ainsi qu'à leurs familles. Avec toute l'Église, prions le Seigneur. ℟

Prions pour ceux qui ont perdu l'estime d'eux-mêmes. Prions pour celles et ceux qui ne croient plus en eux-mêmes, en leur capacité à aimer et à être aimés. Prions pour tous ceux qui souffrent d'exclusion et de solitude. D'un même cœur, prions le Seigneur. ℟

Prions pour notre communauté paroissiale rassemblée en ce jour. Confions toutes nos familles, prions pour ceux qui se préparent à un événement heureux, un mariage, une naissance. Prions également pour ceux qui vivent un deuil ou traversent une pénible maladie. D'une même foi, prions le Seigneur. ℟

(Ces intentions seront adaptées ou modifiées selon les circonstances.)

Le prêtre :
Dieu notre Père, toi qui veilles sur chacun de tes enfants, daigne écouter toutes nos prières, par le Christ, notre Seigneur.
— Amen.

LITURGIE EUCHARISTIQUE

Prière sur les offrandes
Accueille, Seigneur, le sacrifice de louange et de paix ; accorde-nous d'être purifiés par son action et de t'offrir un cœur qui te plaise. Par le Christ, notre Seigneur.
— Amen.

Prière eucharistique
(Préface des dimanches, p. 220)

Chant de communion
(Suggestions p. 243)
OU
Antienne de la communion
Les yeux sur toi, tous, ils espèrent, Seigneur :
tu leur donnes la nourriture au temps voulu.
(Ps 144, 15)

OU

Je suis le bon pasteur,
et je donne ma vie pour mes brebis,
dit le Seigneur.
(Jn 10, 11.15)

Prière après la communion

Nourris et renouvelés par le corps sacré et le sang précieux de ton Fils, nous implorons ta bonté, Seigneur : fais que, sûrs de la rédemption, nous possédions ce que nous aimons célébrer avec ferveur. Par le Christ, notre Seigneur. ***— Amen.***

RITE DE CONCLUSION

Bénédiction

Envoi

COMMENTAIRE DU DIMANCHE

Benoît Gschwind, prêtre assomptionniste

Invités à l'espérance

L'actualité des jours et du monde peut avoir raison de nous, au point de nous remettre en question et de nous effrayer. L'avenir se fait alors plus incertain, jusqu'à parfois ne plus pouvoir s'envisager sereinement et ralentir, freiner ou littéralement stopper notre marche, notre goût de vivre. Nous savons que la perspective de la mort ou de la souffrance peut faire naître en nous une peur tout à fait légitime.

Jésus nous appelle à aller au-delà de nos peurs, à entrer dans la confiance et l'espérance. Il passe avec nous des ténèbres à la lumière, des larmes à la joie, de la crainte à la paix. Il nous donne l'élan nécessaire pour affronter et dépasser notre peur. Nous le savons et l'avons déjà expérimenté. « N'ayez pas peur… Ne craignez pas ! », nous redit l'Écriture. Difficile de ne pas évoquer •••

••• la crainte de Marie devant l'ange Gabriel, ou celle de Pierre, Jacques et Jean au moment de la Transfiguration. Difficile aussi de ne pas évoquer la peur de Pierre, qui va faire de lui l'homme du reniement. Sans doute les disciples à qui Jésus s'adressait ne valaient-ils pas mieux que nous. Sans doute avaient-ils des raisons d'être inquiets et d'avoir peur. Mais Jésus les invite à la confiance, à l'audace de la parole, au témoignage, à la vie plus forte que tout ce qui pourrait la freiner. « Je suis avec vous tous les jours jusqu'à la fin du monde » (Mt 28, 20). Rien ne peut arrêter la Bonne Nouvelle.

~

De quoi ai-je peur ? Quelles sont mes craintes ?

Et si, devant cette page d'évangile, je prenais le temps de me souvenir de ces moments où Dieu lui-même m'a donné de dépasser mes peurs pour me faire naître à la confiance ? ■

PrionsenÉglise Junior

LIRE L'ÉVANGILE AVEC LES ENFANTS

CE QUE JE DÉCOUVRE

Juste avant ce passage de l'évangile, Jésus a donné des instructions pratiques à ses Apôtres pour qu'ils réussissent leur mission. **Tout ne sera pas facile pour eux, alors il les encourage.** Les Apôtres annoncent aux gens des villages alentour que Dieu les aime. Plus tard, les disciples de Jésus iront le dire au monde entier. La preuve : **toi aussi, tu as entendu parler de cette Bonne Nouvelle !** Aujourd'hui, les chrétiens sont des millions sur Terre. N'ayons pas peur de dire partout que Dieu nous aime. **Jésus sera toujours avec nous.**

CE QUE JE VIS

En dehors de la messe, où entends-tu parler de la Bonne Nouvelle ? Avec qui voudrais-tu partager le message de Jésus Christ ? **Choisis une phrase dans l'évangile de ce jour. Écris-la sur une feuille et affiche-la dans ta chambre.**

Texte : Cédric Kuntz. Illustrations : Marcelino Truong

MÉDITATION BIBLIQUE

12[E] DIMANCHE DU TEMPS ORDINAIRE

Évangile selon saint Matthieu 10, 26-33

Craindre ou ne pas craindre

La crainte est une thématique qui parcourt toute la Bible. S'il est de bonnes craintes – celle qui permet de se situer en justesse devant Dieu ou celle qui est considérée comme le début de la sagesse –, il en est qui paralysent et empêchent de vivre pleinement la condition de disciple.

Le temps de la préparation

« Le Seigneur est avec moi, tel un guerrier redoutable. » (Jr 20, 11)

Le temps de l'observation

Le propos de Jésus, lors de l'envoi en mission de ses disciples, est empreint de l'autorité d'un maître, mais plus encore de celle de Dieu. Son propos fait écho aux paroles que Dieu lui-même adresse à Jérémie lors de son investiture prophétique : « Ne les crains pas, car je suis avec toi pour te délivrer » (Jr 1, 8) ; « Voici, je mets dans ta bouche mes paroles » (Jr 1, 9). Les épreuves que rencontreront les disciples apparaissent ici comme un critère de l'authenticité de leur message. Car la Bonne Nouvelle du salut ne peut être consensuelle. Elle appelle à un changement personnel, sociétal, qui rencontre inévitablement des oppositions. Jésus évoque la crainte à plusieurs reprises : ne pas craindre ceux dont il avait conseillé de se méfier (cf. Mt 10, 17) ou « ceux qui tuent le corps » sans atteindre « l'âme » ; par contre, craindre « celui qui peut faire périr […] l'âme aussi bien que le corps ».

Le temps de la méditation

Que retenir dans un contexte qui, pour la plupart d'entre nous, ne présente aucune menace de persécutions, sinon l'invitation à la confiance et au discernement ? L'abandon à Dieu se doit d'être éclairé. Rappelons-nous aussi qu'il est d'autres formes d'annihilation : l'indifférence, la tendance à tourner en ridicule le message ou les attitudes croyantes. Toutes choses qui nous invitent à ne pas succomber à des discours insignifiants ou tout faits, pour rendre compte de l'espérance qui nous habite (cf. 1 P 3, 15) ; à ne pas chercher à séduire en émoussant la dimension prophétique de la Bonne Nouvelle et en réduisant le contenu de notre foi à une sagesse parmi d'autres. « Si le sel devient fade, comment lui rendre de la saveur ? » (Mt 5, 13). Cette vocation prophétique nous semble peut-être trop lourde. Alors, ancrons-nous dans les promesses du Christ d'être avec nous et de combattre pour nous, dans la certitude que l'Esprit peut parler en nous et que le Père ne cesse d'exercer sa vigilance.

Le temps de la prière

« Et moi, je te prie, Seigneur : c'est l'heure de ta grâce. » (Ps 68, 14) ■

Emmanuelle Billoteau, ermite

L'ÉVÉNEMENT

24 AU 26 JUIN : CLÔTURE DU JUBILÉ DU DIOCÈSE DE BELLEY-ARS

L'Église aindinoise jubile !

Depuis septembre 2022, le diocèse de Belley-Ars célèbre son bicentenaire. Pour clôturer ce grand jubilé, trois journées festives sont organisées du 24 au 26 juin, à la cathédrale Saint-Jean-Baptiste de Belley.

« Depuis dix mois le diocèse est en fête ! Ce sont 200 ans d'histoire que nous avons célébrés ! », se réjouit Marie Quioc, déléguée épiscopale à l'information du diocèse de Belley-Ars. « Du 24 au 26 juin, une exposition récapitule toutes nos initiatives jubilaires ; nous organisons une visite guidée de la cathédrale et un quiz sur les personnalités du diocèse. À la messe du 25, la chorale interprétera des chants composés au temps de Mgr Alexandre Devie, premier évêque du diocèse. » Le jubilé a été pensé dans une perspective missionnaire : « Lorsque Monseigneur Devie est arrivé, tout était à faire ! Le but du jubilé est de faire mémoire des défis d'il y a 200 ans pour relever ceux d'aujourd'hui », ajoute-t-elle. Le 26 juin, Mgr Pascal Roland, actuel évêque du diocèse, réunira tous ses prêtres

© RCF

DIMANCHE 25 JUIN 2023

Mgr Pascal Roland a ouvert le jubilé à l'église de Brou le dimanche 9 octobre 2022.

pour la dernière messe des festivités du bicentenaire célébrée le soir à la cathédrale. « Il nous paraissait important de leur permettre de se retrouver avec notre évêque pour fêter la clôture du jubilé avec tous les fidèles qui le pourront », explique Marie Quioc avant de conclure : « Ce sera un moment de réjouissances avant de poursuivre l'évangélisation dans un élan renouvelé. » ■

Sébastien Antoni, journaliste

LES DIOCÈSES AUX 200 BOUGIES

Le 29 mai 2023, le diocèse de Sens clôturait son année jubilaire à l'occasion de son bicentenaire. Celui de Moulins bat son plein jusqu'au 15 octobre pour sa clôture. D'ici à cette date, des concerts, des conférences et des célébrations sont proposés.

Renseignement : catholique-moulins.fr

25 - 30

LUNDI 26 JUIN 2023

12ᴱ SEMAINE DU TEMPS ORDINAIRE COULEUR LITURGIQUE : VERT

Temps ordinaire, *suggestion d'oraisons et d'antiennes n° 8*

Antienne d'ouverture

Le Seigneur s'est fait mon protecteur,
il m'a dégagé, mis au large,
il m'a libéré, car il m'aime. (cf. Ps 17, 19-20)

Prière

Nous t'en prions, Seigneur, accorde-nous de vivre dans un monde où les événements se déroulent selon ton dessein de paix, et où ton Église connaisse la joie de te servir dans la sérénité. Par Jésus… ***— Amen.***

Lecture

du livre de la Genèse (12, 1-9)

« Abram s'en alla, comme le Seigneur le lui avait dit »

En ces jours-là, le Seigneur dit à Abram qui vivait alors en Chaldée : « Quitte ton pays, ta parenté et la maison de ton père, et va vers le pays que je te montrerai. Je ferai de toi une grande nation, je te bénirai, je rendrai grand ton nom, et tu deviendras une bénédiction. Je bénirai ceux qui te béniront ; celui qui te maudira, je le réprouverai. En toi seront bénies toutes les familles de la terre. » Abram s'en alla, comme le Seigneur le lui avait dit, et Loth s'en alla avec lui. Abram avait 75 ans

lorsqu'il sortit de Harane. Il prit sa femme Saraï, son neveu Loth, tous les biens qu'ils avaient acquis, et les personnes dont ils s'étaient entourés à Harane ; ils se mirent en route pour Canaan et ils arrivèrent dans ce pays. Abram traversa le pays jusqu'au lieu nommé Sichem, au Chêne de Moré. Les Cananéens étaient alors dans le pays. Le Seigneur apparut à Abram et dit : « À ta descendance je donnerai ce pays. » Et là, Abram bâtit un autel au Seigneur qui lui était apparu. De là, il se rendit dans la montagne, à l'est de Béthel, et il planta sa tente, ayant Béthel à l'ouest, et Aï à l'est. Là, il bâtit un autel au Seigneur et il invoqua le nom du Seigneur. Puis, de campement en campement, Abram s'en alla vers le Néguev. – Parole du Seigneur.

Psaume 32 (33)

℟ ***Heureux le peuple que le Seigneur s'est choisi pour domaine.***

Heureux le peuple dont le Seigneur est le Dieu,
heureuse la nation qu'il s'est choisie pour domaine !
Du haut des cieux, le Seigneur regarde :
il voit la race des hommes. ℟

Dieu veille sur ceux qui le craignent,
qui mettent leur espoir en son amour,
pour les délivrer de la mort,
les garder en vie aux jours de famine. ℟

Nous attendons notre vie
du Seigneur :
il est pour nous un appui, un bouclier.
Que ton amour, Seigneur,
soit sur nous
comme notre espoir est en toi ! ℟

Acclamation de l'Évangile

Alléluia. Alléluia. Elle est vivante, efficace, la parole de Dieu ; elle juge des intentions et des pensées du cœur. ***Alléluia.***

Évangile de Jésus Christ

selon saint Matthieu (7, 1-5)

« Enlève d'abord la poutre de ton œil »

En ce temps-là, Jésus disait à ses disciples : « Ne jugez pas, pour ne pas être jugés ; de la manière dont vous jugez, vous serez jugés ; de la mesure dont vous mesurez, on vous mesurera. Quoi ! tu regardes la paille dans l'œil de ton frère ; et la poutre qui est dans ton œil, tu ne la remarques pas ? Ou encore : Comment vas-tu dire à ton frère : "Laisse-moi enlever la paille de ton œil", alors qu'il y a une poutre dans ton œil à toi ? Hypocrite ! Enlève d'abord la poutre de ton œil ; alors tu verras clair pour enlever la paille qui est dans l'œil de ton frère. »

Prière sur les offrandes

Seigneur Dieu, ce qui est offert en l'honneur de ton nom, c'est toi qui le donnes, et tu reconnais dans ces offrandes notre attachement à ton service ; nous implorons ta bonté : que ta largesse, d'où vient notre mérite, contribue à notre récompense éternelle. Par le Christ, notre Seigneur. ***— Amen.***

Antienne de la communion

Je chanterai le Seigneur
pour le bien qu'il m'a fait ;
je fêterai le nom du Seigneur,
le Très-Haut. (cf. Ps 12, 6 ; 9A, 3)

OU

Je suis avec vous tous les jours
jusqu'à la fin du monde,
dit le Seigneur. (Mt 28, 20)

Prière après la communion

Tu nous as rassasiés, Seigneur, par ce don qui nous sauve, et nous implorons ta miséricorde : par ce même sacrement qui nous fortifie en cette vie, rends-nous, dans ta bonté, participants de la vie éternelle. Par le Christ, notre Seigneur. — ***Amen.***

INVITATION

Et si j'ouvrais les yeux pour voir le beau, le vrai, le grand chez celles et ceux que je rencontre aujourd'hui ?

COMMENTAIRE

Une large mesure Matthieu 7, 1-5

Dans la vie, comme en cuisine, tout est question de dosage : qu'il s'agisse de l'organisation de notre temps ou de la farine, nous avons à verser la bonne mesure pour réussir la recette. Aujourd'hui, le Seigneur nous invite à nous montrer larges et généreux car « de la mesure dont vous mesurez, on vous mesurera ». Redécouvrons la joie qu'il y a à donner, et peut-être même à perdre et gaspiller les ingrédients qui composent notre vie quotidienne. Ce qui est donné avec joie n'est jamais perdu ! ■

***Bertrand Lesoing**, prêtre de la communauté Saint-Martin*

MARDI 27 JUIN 2023

12E SEMAINE DU TEMPS ORDINAIRE COULEUR LITURGIQUE : VERT

Temps ordinaire, *suggestion d'oraisons et d'antiennes n° 9*
ou **saint Cyrille d'Alexandrie**

Antienne d'ouverture

Regarde-moi, Seigneur, et prends pitié de moi,
de moi qui suis seul et misérable.
Vois ma misère et ma peine,
enlève tous mes péchés, toi, mon Dieu.
(cf. Ps 24, 16.18)

Prière

Seigneur Dieu, nous en appelons à ta providence qui, dans ses desseins, jamais ne se trompe, et nous te supplions humblement : tout ce qui fait du mal, écarte-le, donne-nous ce qui pourra nous aider. Par Jésus… ***— Amen.***

Lecture

du livre de la Genèse (13, 2.5-18)

« Qu'il n'y ait pas de querelle entre toi et moi, car nous sommes frères ! »

Abram était extrêmement riche en troupeaux, en argent et en or. Loth, qui accompagnait Abram, avait également du petit et du gros bétail, et son propre campement. Le pays ne leur permettait pas d'habiter ensemble, car leurs biens étaient trop considérables pour qu'ils puissent

habiter ensemble. Il y eut des disputes entre les bergers d'Abram et ceux de Loth. Les Cananéens et les Perizzites habitaient aussi le pays. Abram dit à Loth : « Surtout, qu'il n'y ait pas de querelle entre toi et moi, entre tes bergers et les miens, car nous sommes frères ! N'as-tu pas tout le pays devant toi ? Sépare-toi donc de moi. Si tu vas à gauche, j'irai à droite, et si tu vas à droite, j'irai à gauche. » Loth leva les yeux et il vit que toute la région du Jourdain était bien irriguée. Avant que le Seigneur détruisît Sodome et Gomorrhe, elle était comme le jardin du Seigneur, comme le pays d'Égypte, quand on arrive au delta du Nil. Loth choisit pour lui toute la région du Jourdain et il partit vers l'est. C'est ainsi qu'ils se séparèrent. Abram habita dans le pays de Canaan, et Loth habita dans les villes de la région du Jourdain ; il poussa ses campements jusqu'à Sodome. Les gens de Sodome se conduisaient mal, et ils péchaient gravement contre le Seigneur.

Après le départ de Loth, le Seigneur dit à Abram : « Lève les yeux et regarde, de l'endroit où tu es, vers le nord et le midi, vers l'orient et l'occident. Tout le pays que tu vois, je te le donnerai, à toi et à ta descendance, pour toujours. Je rendrai nombreuse ta descendance, autant que la poussière de la terre : si l'on pouvait compter les grains de poussière, on pourrait compter tes descendants ! Lève-toi ! Parcours le pays en long et en large : c'est à toi que je vais le donner. » Abram déplaça son campement et alla s'établir aux chênes de Mambré, près d'Hébron ; et là, il bâtit un autel au Seigneur.

– Parole du Seigneur.

Psaume 14 (15)

℟ ***Seigneur, qui séjournera sous ta tente ?***

Celui qui se conduit parfaitement,
qui agit avec justice
et dit la vérité selon son cœur.
Il met un frein à sa langue. ℟

Il ne fait pas de tort à son frère
et n'outrage pas son prochain.

À ses yeux, le réprouvé est méprisable
mais il honore les fidèles du Seigneur. ℟

Il ne reprend pas sa parole.
Il prête son argent sans intérêt,
n'accepte rien qui nuise à l'innocent.
Qui fait ainsi demeure inébranlable. ℟

Acclamation de l'Évangile

Alléluia. Alléluia. Moi, je suis la lumière du monde, dit le Seigneur. Celui qui me suit aura la lumière de la vie. ***Alléluia.***

Évangile de Jésus Christ

selon saint Matthieu (7, 6.12-14)

« Tout ce que vous voudriez que les autres fassent pour vous, faites-le pour eux »

En ce temps-là, Jésus disait à ses disciples : « Ne donnez pas aux chiens ce qui est sacré ; ne jetez pas vos perles aux pourceaux, de peur qu'ils ne les piétinent, puis se retournent pour vous déchirer.

« Tout ce que vous voudriez que les autres fassent pour vous, faites-le pour eux*, vous aussi : voilà ce que disent la Loi et les Prophètes.

« Entrez par la porte étroite. Elle est grande, la porte, il est large, le

MERCREDI 28 JUIN 2023

12E SEMAINE DU TEMPS ORDINAIRE COULEUR LITURGIQUE : ROUGE

Saint Irénée

Vers 130-200. Disciple de saint Polycarpe, il fut le deuxième évêque de Lyon, après saint Pothin. Ses écrits le classent comme le premier des grands théologiens d'Occident. Le pape François l'a nommé docteur de l'Église avec le titre de docteur de l'unité.

Antienne d'ouverture

La loi de vérité était dans sa bouche, et rien de mal ne se trouvait sur ses lèvres. Dans la paix et la droiture, il marchait avec le Seigneur ; nombreux furent ceux qu'il détourna de la faute. (cf. Ml 2, 6)

Prière

Seigneur Dieu, tu as donné au bienheureux évêque Irénée d'enseigner plus solidement la vérité et d'affermir avec bonheur la paix dans l'Église ; par son intercession, renouvelle notre foi et notre charité, pour que nous cherchions en toute chose à promouvoir l'unité et la concorde. Par Jésus… ***— Amen.***

Lecture

du livre de la Genèse (15, 1-12.17-18)

« Abram eut foi dans le Seigneur et le Seigneur estima qu'il était juste. Le Seigneur conclut une alliance avec lui »

En ces jours-là, la parole du Seigneur fut adressée à Abram dans une vision : « Ne crains pas, Abram ! Je suis un bouclier pour toi. Ta récompense sera très grande. » Abram répondit : « Mon Seigneur Dieu, que pourrais-tu donc me donner ? Je m'en vais sans enfant, et l'héritier de ma maison,

25 - 30

c'est Élièzer de Damas. » Abram dit encore : « Tu ne m'as pas donné de descendance, et c'est un de mes serviteurs qui sera mon héritier. » Alors cette parole du Seigneur fut adressée à Abram : « Ce n'est pas lui qui sera ton héritier, mais quelqu'un de ton sang. » Puis il le fit sortir et lui dit : « Regarde le ciel, et compte les étoiles, si tu le peux… » Et il déclara : « Telle sera ta descendance ! » Abram eut foi dans le Seigneur et le Seigneur estima qu'il était juste. Puis il dit : « Je suis le Seigneur, qui t'ai fait sortir d'Our en Chaldée pour te donner ce pays en héritage. » Abram répondit : « Seigneur mon Dieu, comment vais-je savoir que je l'ai en héritage ? » Le Seigneur lui dit : « Prends-moi une génisse de trois ans, une chèvre de trois ans, un bélier de trois ans, une tourterelle et une jeune colombe. » Abram prit tous ces animaux, les partagea en deux, et plaça chaque moitié en face de l'autre ; mais il ne partagea pas les oiseaux. Comme les rapaces descendaient sur les cadavres, Abram les chassa. Au coucher du soleil, un sommeil mystérieux* tomba sur Abram, une sombre et profonde frayeur tomba sur lui. Après le coucher du soleil, il y eut des ténèbres épaisses. Alors un brasier fumant et une torche enflammée passèrent entre les morceaux d'animaux. Ce jour-là, le Seigneur conclut une alliance avec Abram en ces termes : « À ta descendance je donne le pays que voici, depuis le Torrent d'Égypte jusqu'au Grand Fleuve, l'Euphrate. »
– Parole du Seigneur.

Psaume 104 (105)

℟ ***Le Seigneur s'est toujours souvenu de son alliance.***
OU ***Alléluia !***

Rendez grâce au Seigneur, proclamez son nom,
annoncez parmi les peuples ses hauts faits ;
chantez et jouez pour lui,
redites sans fin ses merveilles. ℟

Glorifiez-vous de son nom très saint :
joie pour les cœurs qui cherchent Dieu !
Cherchez le Seigneur et sa puissance,
recherchez sans trêve sa face. ℟

Vous, la race d'Abraham son serviteur,
les fils de Jacob, qu'il a choisis.
Le Seigneur, c'est lui notre Dieu :
ses jugements font loi pour l'univers. ℟

Il s'est toujours souvenu de son alliance,
parole édictée pour mille générations :
promesse faite à Abraham,
garantie par serment à Isaac. ℟

Acclamation de l'Évangile

Alléluia. Alléluia. Demeurez en moi, comme moi en vous, dit le Seigneur ; celui qui demeure en moi porte beaucoup de fruit. ***Alléluia.***

Évangile de Jésus Christ

selon saint Matthieu (7, 15-20)

« C'est à leurs fruits que vous les reconnaîtrez »

En ce temps-là, Jésus disait à ses disciples : « Méfiez-vous des faux prophètes qui viennent à vous déguisés en brebis, alors qu'au-dedans ce sont des loups voraces. C'est à leurs fruits que vous les reconnaîtrez. Va-t-on cueillir du raisin sur des épines, ou des figues sur des chardons ? C'est ainsi que tout arbre bon donne de beaux fruits, et que l'arbre qui pourrit donne des fruits mauvais. Un arbre bon ne peut pas donner des fruits mauvais, ni un arbre qui pourrit donner de beaux fruits.

Tout arbre qui ne donne pas de beaux fruits est coupé et jeté au feu. Donc, c'est à leurs fruits que vous les reconnaîtrez. »

Prière sur les offrandes

En célébrant la naissance au ciel du bienheureux Irénée, nous t'offrons avec joie, Seigneur, ce sacrifice : qu'il te rende gloire et nous obtienne d'aimer la vérité, pour garder intacte la foi de l'Église et inébranlable, son unité. Par le Christ, notre Seigneur. ***— Amen.***

Antienne de la communion

Demeurez en moi, comme moi
en vous, dit le Seigneur.
Celui qui demeure en moi,
et en qui je demeure,
celui-là porte beaucoup de fruit.
(Jn 15, 4-5)

Prière après la communion

Par cette communion à tes mystères, nous t'en prions, Seigneur de miséricorde, augmente en nous la foi : elle a été la gloire du bienheureux évêque Irénée qui l'a gardée jusqu'à la mort ; que cette même foi sincèrement vécue fasse de nous des justes. Par le Christ, notre Seigneur. ***— Amen.***

INVITATION

Comment puis-je être aujourd'hui artisan de paix et d'unité ?

COMMENTAIRE

Arbre de vie Matthieu 7, 15-20

Tout semble simple dans l'évangile : l'arbre bon donne de bons fruits, l'arbre pourri donne des fruits mauvais. Les scandales qui ébranlent l'Église ne viennent-ils pas apporter un cinglant démenti à cette parole du Seigneur ? Ne nous trompons pas toutefois : au fond, un seul arbre est capable de donner de bons fruits et il ne s'agit pas de telle ou telle figure, mais bien de la personne du Christ : c'est de lui que nous recevons la vie ! ■

Bertrand Lesoing, *prêtre de la communauté Saint-Martin*

✲ CLÉ DE LECTURE

« Un sommeil mystérieux » Genèse 15, 12 *(p. 198)*

Le terme utilisé, « torpeur », est rare dans la Bible. Il désigne le sommeil qui s'abat sur l'homme lorsque Dieu fait de lui un couple qui assurera l'aventure de la vie (Gn 2, 21-24). Il apparaît aussi lorsqu'un ami de Job évoque la faiblesse humaine terrifiée face à la justice de Dieu (Jb 4, 13). Le rituel archaïque d'alliance cède ici la place à une manifestation divine qui surgit de la torpeur d'Abram : Dieu s'engage par promesse à lui donner une descendance et lui offre une alliance indéfectible. Devant le dessein de Dieu, parfois opaque, il arrive que l'intelligence humaine, terrorisée, sombre. Mais à celui qui lui donne sa foi et garde confiance, au-delà de toute crainte, Dieu parle. Il s'engage envers lui de façon définitive et lui promet la vie. ■

Roselyne Dupont-Roc, *bibliste*

JEUDI 29 JUIN 2023

COULEUR LITURGIQUE : ROUGE

Saint Pierre et saint Paul

Simon, frère d'André, reçut de Jésus le nom de Pierre. Paul rencontra le Christ sur le chemin de Damas. Ils sont appelés « colonnes de l'Église ». Ils moururent martyrs à Rome (vers 64).

Antienne d'ouverture

**Voici les apôtres qui, durant leur vie sur terre,
ont enraciné l'Église au prix de leur sang. Ils ont bu à la coupe
du Seigneur et sont devenus les amis de Dieu.**

Gloire à Dieu *(p. 216)*

Prière

Seigneur Dieu, tu nous as donné ce jour de sainte joie pour fêter les apôtres Pierre et Paul ; accorde à ton Église une fidélité sans faille à leur enseignement, puisqu'elle a reçu par eux la première annonce de la foi. Par Jésus… ***— Amen.***

Lectures propres à la solennité de saint Pierre et saint Paul.

Lecture

du livre des Actes des Apôtres (12, 1-11)

« Vraiment, je me rends compte maintenant que le Seigneur m'a arraché aux mains d'Hérode »

À cette époque, le roi Hérode Agrippa se saisit de certains membres de l'Église pour les mettre à mal. Il supprima Jacques, frère de Jean, en le faisant décapiter. Voyant que cette mesure plaisait aux Juifs,

il décida aussi d'arrêter Pierre. C'était les jours des Pains sans levain. Il le fit appréhender, emprisonner, et placer sous la garde de quatre escouades de quatre soldats ; il voulait le faire comparaître devant le peuple après la Pâque. Tandis que Pierre était ainsi détenu dans la prison, l'Église priait Dieu pour lui avec insistance.
Hérode allait le faire comparaître. Or, Pierre dormait, cette nuit-là, entre deux soldats ; il était attaché avec deux chaînes et des gardes étaient en faction devant la porte de la prison. Et voici que survint l'ange du Seigneur, et une lumière brilla dans la cellule. Il réveilla Pierre en le frappant au côté et dit : « Lève-toi vite. » Les chaînes lui tombèrent des mains. Alors l'ange lui dit : « Mets ta ceinture et chausse tes sandales. » Ce que fit Pierre. L'ange ajouta : « Enveloppe-toi de ton manteau et suis-moi. »
Pierre sortit derrière lui, mais il ne savait pas que tout ce qui arrivait grâce à l'ange était bien réel ; il pensait qu'il avait une vision. Passant devant un premier poste de garde, puis devant un second, ils arrivèrent au portail de fer donnant sur la ville. Celui-ci s'ouvrit tout seul devant eux. Une fois dehors, ils s'engagèrent dans une rue, et aussitôt l'ange le quitta. Alors, se reprenant, Pierre dit : « Vraiment, je me rends compte maintenant que le Seigneur a envoyé son ange, et qu'il m'a arraché aux mains d'Hérode et à tout ce qu'attendait le peuple juif. »
– Parole du Seigneur.

JEUDI 29 JUIN 2023

Psaume 33 (34)

℟ ***De toutes mes frayeurs, le Seigneur me délivre.***

Je bénirai le Seigneur en tout temps,
sa louange sans cesse à mes lèvres.
Je me glorifierai dans le Seigneur :
que les pauvres m'entendent et soient en fête ! ℟

Magnifiez avec moi le Seigneur,
exaltons tous ensemble son nom.
Je cherche le Seigneur, il me répond :
de toutes mes frayeurs, il me délivre. ℟

Qui regarde vers lui resplendira,
sans ombre ni trouble au visage.
Un pauvre crie ; le Seigneur entend :
il le sauve de toutes ses angoisses. ℟

L'ange du Seigneur campe alentour,
pour libérer ceux qui le craignent.
Goûtez et voyez : le Seigneur est bon !
Heureux qui trouve en lui son refuge ! ℟

Lecture

de la deuxième lettre de saint Paul apôtre à Timothée (4, 6-8.17-18)

« Je n'ai plus qu'à recevoir la couronne de la justice »

Bien-aimé, je suis déjà offert en sacrifice*, le moment de mon départ est venu. J'ai mené le bon combat, j'ai achevé ma course, j'ai gardé la foi. *Je n'ai plus* qu'à recevoir la couronne de la justice : le Seigneur, le juste juge, me la remettra en ce jour-là, et non seulement à moi, mais aussi à tous ceux qui auront désiré avec amour sa Manifestation glorieuse. Tous m'ont abandonné. Le Seigneur, lui, m'a assisté. Il m'a rempli de force pour que, par moi, la proclamation de l'Évangile s'accomplisse jusqu'au bout et que toutes les nations l'entendent. J'ai été arraché à la gueule du lion ;

le Seigneur m'arrachera encore à tout ce qu'on fait pour me nuire. Il me sauvera et me fera entrer dans son Royaume céleste. À lui la gloire pour les siècles des siècles. Amen.

– Parole du Seigneur.

Acclamation de l'Évangile

Alléluia. Alléluia. Tu es Pierre, et sur cette pierre je bâtirai mon Église ; et la puissance de la Mort ne l'emportera pas sur elle. ***Alléluia.***

Évangile de Jésus Christ selon saint Matthieu (16, 13-19)

« Tu es Pierre, et je te donnerai les clés du royaume des Cieux »

En ce temps-là, Jésus, arrivé dans la région de Césarée-de-Philippe, demandait à ses disciples : « Au dire des gens, qui est le Fils de l'homme ? » Ils répondirent : « Pour les uns, Jean le Baptiste ; pour d'autres, Élie ; pour d'autres encore, Jérémie ou l'un des prophètes. » Jésus leur demanda : « Et vous, que dites-vous ? Pour vous, qui suis-je ? » Alors Simon-Pierre prit la parole et dit : « Tu es le Christ, le Fils du Dieu vivant ! » Prenant la parole à son tour, Jésus lui dit : « Heureux es-tu, Simon fils de Yonas : ce n'est pas la chair et le sang qui t'ont révélé cela, mais mon Père qui est aux cieux. Et moi, je te le déclare : Tu es Pierre, et sur cette pierre je bâtirai mon Église ; et la puissance de la Mort ne l'emportera pas sur elle. Je te donnerai les clés du royaume des Cieux : tout ce que tu auras lié sur la terre sera lié dans les cieux, et tout ce que tu auras délié sur la terre sera délié dans les cieux. »

Profession de foi (p. 217)

Prière sur les offrandes

Que la prière de tes apôtres, Seigneur, accompagne l'offrande qui sera consacrée à ton nom ; qu'elle augmente notre ferveur envers toi pour célébrer le sacrifice. Par le Christ, notre Seigneur. **— *Amen.***

Prière eucharistique

(Préface de saint Pierre et saint Paul)

Vraiment, il est juste et bon, pour ta gloire et notre salut, de t'offrir notre action de grâce, toujours et en tout lieu, Seigneur, Père très saint, Dieu éternel et tout-puissant. Car tu nous donnes la joie de célébrer en ce jour les bienheureux apôtres Pierre et Paul : celui qui fut le premier à confesser la foi, et celui qui l'a mise en lumière ; Pierre qui constitua l'Église naissante parmi les pauvres d'Israël, et Paul, maître et docteur des nations appelées au salut ; l'un et l'autre ont travaillé, *par des voies différentes*, à rassembler l'unique famille du Christ ; dans le martyre, une même couronne les a réunis et ils reçoivent, de par le monde, la même vénération. C'est pourquoi, avec les saints et tous les anges, nous te louons et sans fin nous proclamons : ***Saint ! Saint ! Saint…***

Antienne de la communion

Pierre dit à Jésus : « Tu es le Christ,
le Fils du Dieu vivant. »
Jésus lui répondit : « Tu es Pierre,
et sur cette pierre je bâtirai
mon Église. »
(cf. Mt 16, 16.18)

Prière après la communion

Après nous avoir fortifiés par ce sacrement, Seigneur, fais-nous vivre dans ton Église comme les premiers chrétiens : assidus à la fraction du pain et à l'enseignement des Apôtres, nous serons un seul cœur, une seule âme, solidement enracinés dans ton amour. Par le Christ, notre Seigneur. **— *Amen.***

Bénédiction solennelle

Que Dieu tout-puissant vous bénisse : par la profession de foi du bienheureux Pierre, il vous a affermis pour le salut, il vous a fondés solidement dans la foi de l'Église.
— *Amen.*

Par la prédication infatigable du bienheureux Paul, Dieu vous a instruits : que toujours son exemple enseigne à gagner de nouveaux frères au Christ.
— *Amen.*

Puissent les clefs de Pierre et les paroles de Paul, et l'intercession de l'un et de l'autre nous aider à entrer dans la patrie où, l'un par la croix, l'autre par le glaive, ils ont eu la joie de parvenir. **— *Amen.***

Et que la bénédiction de Dieu tout-puissant, le Père, et le Fils, ✠ et le Saint-Esprit, descende sur vous et y demeure toujours. **— *Amen.***

INVITATION

En cette fête de Pierre et Paul, je peux confier au Seigneur les prêtres et les personnes appelées à la vocation sacerdotale.

JEUDI 29 JUIN 2023

COMMENTAIRE

« Son Fils unique, notre Seigneur » Matthieu 16, 13-19

« Et vous, que dites-vous ? Pour vous, qui suis-je ? » Cette question, posée il y a deux mille ans à Pierre, Jésus ne cesse de nous la poser. Pour vous, pour toi, pour moi, qui est-il, ce Jésus de Nazareth ? Chaque dimanche, dans le « Je crois en Dieu » nous proclamons en communauté d'Église notre foi, mais cette démarche communautaire implique toujours un engagement profondément personnel : « Tu es le Christ, le Fils du Dieu vivant ! » ■

__Bertrand Lesoing__, prêtre de la communauté Saint-Martin

✤ CLÉ DE LECTURE

« Offert en sacrifice » 2 Timothée 4, 6 *(p. 204)*

L'expression « offert en sacrifice » n'évoque évidemment ni les mortifications, ni même les souffrances ou une mort qui seraient voulues par Dieu. L'auteur de la lettre reprend ici les mots mêmes de Paul : « Je suis répandu en libation » (cf. Ph 2, 17), d'un terme qui évoque les offrandes végétales et l'huile parfumée du sacrifice d'action de grâce. Paul utilise toujours ce vocabulaire pour désigner la mission de l'apôtre et la vie chrétienne tout entière. Il y voit « une liturgie » en l'honneur du Dieu qui remplit de force et arrache à la persécution. Une action de grâce surtout pour l'Évangile annoncé et reçu dans la foi. La libation, c'est la vie des croyants manifestant la présence de Dieu auprès de ceux qui l'aiment, et à travers eux. ■

__Roselyne Dupont-Roc__, bibliste

VENDREDI 30 JUIN 2023

12E SEMAINE DU TEMPS ORDINAIRE COULEUR LITURGIQUE : VERT

Temps ordinaire, *suggestion d'oraisons et d'antiennes n° 10*
ou **les saints premiers martyrs de l'Église de Rome,** *voir p. 213*

Antienne d'ouverture

Le Seigneur est ma lumière et mon salut ; de qui aurais-je crainte ?
Le Seigneur est le rempart de ma vie ; devant qui tremblerais-je ?
Mes ennemis, mes adversaires perdent pied et succombent. (Ps 26, 1-2)

Prière

Seigneur Dieu, source de tout bien, réponds sans te lasser à notre appel : inspire-nous de discerner ce qui est juste et dirige-nous pour que nous puissions l'accomplir. Par Jésus… ***— Amen.***

Lecture

du livre de la Genèse (17, 1.9-10.15-22)

« Tous vos enfants mâles seront circoncis en signe de l'alliance.
Sara va t'enfanter un fils »

Lorsque Abraham eut atteint 99 ans, le Seigneur lui apparut et lui dit : « Je suis le Dieu-Puissant ; marche en ma présence et sois parfait. » Dieu dit à Abraham : « Toi, tu observeras mon alliance, toi et ta descendance après toi, de génération en génération. Et voici l'alliance qui sera observée entre moi et vous, c'est-à-dire toi et ta descendance après toi : tous vos enfants mâles seront circoncis. » Dieu dit encore à Abraham :

« Saraï, ta femme, tu ne l'appelleras plus du nom de Saraï ; désormais son nom est Sara (c'est-à-dire : Princesse). Je la bénirai : d'elle aussi je te donnerai un fils ; oui, je la bénirai, elle sera à l'origine de nations, d'elle proviendront les rois de plusieurs peuples. » Abraham tomba face contre terre. Il se mit à rire car il se disait : « Un homme de cent ans va-t-il avoir un fils, et Sara va-t-elle enfanter à 90 ans ? » Et il dit à Dieu : « Accorde-moi seulement qu'Ismaël vive sous ton regard ! » Mais Dieu reprit : « Oui, vraiment, ta femme Sara va t'enfanter un fils, tu lui donneras le nom d'Isaac. J'établirai mon alliance avec lui, comme une alliance éternelle avec sa descendance après lui. Au sujet d'Ismaël, je t'ai bien entendu : je le bénis, je le ferai fructifier et se multiplier à l'infini ; il engendrera douze princes, et je ferai de lui une grande nation. Quant à mon alliance, c'est avec Isaac que je l'établirai, avec l'enfant que Sara va te donner l'an prochain à pareille époque. » Lorsque Dieu eut fini de parler avec Abraham, il s'éleva loin de lui. – Parole du Seigneur.

Psaume 127 (128)

℟ ***Voilà comment sera béni l'homme qui craint le Seigneur.***

Heureux qui cr**a**int le Seigneur
et marche sel**o**n ses voies !
Tu te nourriras du trav**a**il de tes mains :
Heureux es-tu ! À t**o**i, le bonheur ! ℟

Ta femme ser**a** dans ta maison
comme une v**i**gne généreuse,
et tes fils, aut**o**ur de la table,
comme des pl**a**nts d'olivier. ℟

Voilà comment sera béni
l'homme qui craint le Seigneur.
De Sion, que le Seigneur te bénisse !
Tu verras le bonheur de Jérusalem tous les jours de ta vie. ℟

Acclamation de l'Évangile

Alléluia. Alléluia. Le Christ a pris nos souffrances, il a porté nos maladies. ***Alléluia.***

Évangile de Jésus Christ

selon saint Matthieu (8, 1-4)

« Si tu le veux, tu peux me purifier »

Lorsque Jésus descendit de la montagne, des foules nombreuses le suivirent. Et voici qu'un lépreux s'approcha, se prosterna devant lui et dit : « Seigneur, si tu le veux, tu peux me purifier. » Jésus étendit la main, le toucha et lui dit : « Je le veux, sois purifié. » Et aussitôt il fut purifié de sa lèpre. Jésus lui dit : « Attention, ne dis rien à personne, mais va te montrer au prêtre. Et donne l'offrande que Moïse a prescrite : ce sera pour les gens un témoignage. »

Prière sur les offrandes

Regarde favorablement tes serviteurs, Seigneur, nous t'en prions : que notre offrande soit pour toi un présent agréable et nous fasse grandir en charité. Par le Christ, notre Seigneur. ***— Amen.***

VENDREDI 30 JUIN 2023

Antienne de la communion

Le Seigneur est ma forteresse,
mon refuge et mon libérateur.
Mon Dieu vient à mon aide.
(cf. Ps 17, 2-3)
OU Dieu est amour : qui demeure
dans l'amour demeure en Dieu,
et Dieu demeure en lui. (1 Jn 4, 16)

Prière après la communion

Par ta force de guérison, Seigneur, dans ta bonté, libère-nous de nos égarements, et conduis-nous sur le droit chemin. Par le Christ, notre Seigneur.
— Amen.

INVITATION

Au cours de ce mois de juin, quel passage de l'Écriture m'a marqué ?

COMMENTAIRE

Le bien en mieux Matthieu 8, 1-4

Là où il passait, il faisait le bien : Jésus guérit, sauve, relève, encourage. « Je le veux, sois purifié », dit-il aujourd'hui au lépreux. Le bien qu'il accomplit est certainement pour le Christ un motif de joie et d'action de grâce. Mais jamais il ne s'approprie ce bien, *jamais il ne soumet* la personne qu'il a sauvée à sa domination. Au contraire, il la renvoie à sa liberté : « Va te montrer au prêtre. » Savons-nous, comme lui, nous désapproprier tout le bien que nous faisons ? ■

Bertrand Lesoing, *prêtre de la communauté Saint-Martin*

Les saints premiers martyrs de l'Église de Rome

Couleur liturgique : rouge

Ier siècle. Injustement accusés par Néron d'être responsables de l'incendie de Rome en l'an 64, de très nombreux chrétiens furent crucifiés, jetés aux fauves ou brûlés vifs.

Antienne d'ouverture

Elles se réjouissent dans les cieux,
les âmes des saints qui ont suivi
les traces du Christ ; ils ont répandu
leur sang par amour pour lui :
c'est pourquoi ils exultent
avec lui pour l'éternité.

Prière

Seigneur Dieu, tu as consacré par le sang des martyrs les magnifiques débuts de l'Église de Rome ; fais que leur grand courage dans le combat nous fortifie et que leur victoire dans la foi nous réjouisse toujours. Par Jésus… ***— Amen.***

Prière sur les offrandes

Reçois, Père très saint, les offrandes que nous te présentons en faisant mémoire de tes saints martyrs ; accorde aux serviteurs que nous sommes d'être inébranlables dans la confession de ton nom. Par le Christ, notre Seigneur. ***— Amen.***

Antienne de la communion

Elle est grande auprès de Dieu,
la récompense des saints : ils sont
morts pour le Christ et vivent à jamais.

Prière après la communion

Seigneur Dieu, en tes saints martyrs tu as fait resplendir de manière admirable le mystère de la croix ; puisque nous sommes fortifiés par ce sacrifice, accorde-nous de rester fidèlement unis au Christ, et de travailler dans l'Église au salut de tous. Par le Christ, notre Seigneur. ***— Amen.***

Liturgie de la messe

RITES INITIAUX

Le chant d'entrée achevé, le prêtre et les fidèles, debout, font le signe de la croix, tandis que le prêtre, tourné vers le peuple, dit :

Au nom du Père, et du Fils, et du Saint-Esprit.

Le peuple répond :

— Amen.

Salutation

La grâce de Jésus, le Christ, notre Seigneur, l'amour de Dieu le Père, et la communion de l'Esprit Saint soient toujours avec vous.

— Et avec votre esprit.

Ou bien : Que la grâce et la paix de Dieu notre Père et du Seigneur Jésus, le Christ, soient toujours avec vous.

— Et avec votre esprit.

Ou bien : Le Seigneur soit avec vous.

— Et avec votre esprit.

Acte pénitentiel

Frères et sœurs, préparons-nous à célébrer le mystère de l'eucharistie, en reconnaissant que nous avons péché.

(1) Je confesse à Dieu tout-puissant, je reconnais devant vous, frères et sœurs, que j'ai péché en pensée, en parole, par action et par omission ; oui, j'ai vraiment péché. C'est pourquoi je supplie la bienheureuse Vierge Marie, les anges et tous les saints, et vous aussi, frères et sœurs, de prier pour moi le Seigneur notre Dieu.

(2) Prends pitié de nous, Seigneur. ***— Nous avons péché contre toi.***
Montre-nous, Seigneur, ta miséricorde. ***— Et donne-nous ton salut.***

(3) Seigneur Jésus, envoyé pour guérir les cœurs qui reviennent vers toi :
Seigneur, prends pitié. ***— Seigneur, prends pitié.***
Ô Christ, venu appeler les pécheurs : ô Christ, prends pitié.
— Ô Christ, prends pitié.
Seigneur, qui sièges à la droite du Père où tu intercèdes pour nous :
Seigneur, prends pitié. ***— Seigneur, prends pitié.***

Que Dieu tout-puissant nous fasse miséricorde ; qu'il nous pardonne nos péchés et nous conduise à la vie éternelle. ***— Amen.***

Ensuite, on chante ou on dit le Kyrie eleison (Seigneur, prends pitié), à moins qu'il n'ait été déjà employé dans une formule de l'acte pénitentiel (c'est le cas de la précédente).

Kyrie, eleison. ***— Kyrie, eleison.***
Christe, eleison. ***— Christe, eleison.***
Kyrie, eleison. ***— Kyrie, eleison.***
ou bien : Seigneur, prends pitié. ***— Seigneur, prends pitié.***
Ô Christ, prends pitié. ***— Ô Christ, prends pitié.***
Seigneur, prends pitié. ***— Seigneur, prends pitié.***

Gloire à Dieu

Gloire à Dieu, au plus haut des cieux, et paix sur la terre aux hommes, qu'il aime. Nous te louons, nous te bénissons, nous t'adorons, nous te glorifions, nous te rendons grâce, pour ton immense gloire, Seigneur Dieu, Roi du ciel, Dieu le Père tout-puissant.
Seigneur, Fils unique, Jésus Christ, Seigneur Dieu,
Agneau de Dieu, le Fils du Père ;
toi qui enlèves les péchés du monde, prends pitié de nous ;
toi qui enlèves les péchés du monde, reçois notre prière ;
toi qui es assis à la droite du Père, prends pitié de nous.
Car toi seul es Saint, toi seul es Seigneur, toi seul es le Très-Haut :
Jésus Christ, avec le Saint-Esprit dans la gloire de Dieu le Père. Amen.

Gloria in excelsis Deo et in terra pax hominibus bonæ voluntatis. Laudamus te, benedicimus te, adoramus te, glorificamus te, gratias agimus tibi propter magnam gloriam tuam, Domine Deus, Rex cælestis, Deus Pater omnipotens. Domine Fili unigenite, Iesu Christe, Domine Deus, Agnus Dei, Filius Patris, qui tollis peccata mundi, miserere nobis; qui tollis peccata mundi, suscipe deprecationem nostram.
Qui sedes ad dexteram Patris, miserere nobis.
Quoniam tu solus Sanctus, tu solus Dominus, tu solus Altissimus,
Iesu Christe, cum Sancto Spiritu : in gloria Dei Patris. Amen.

Prière d'ouverture

Voir à la date du jour.

LITURGIE DE LA PAROLE

Voir à la date du jour.

Profession de foi

Symbole de Nicée-Constantinople

Je crois en un seul Dieu, le Père tout-puissant,
créateur du ciel et de la terre, de l'univers visible et invisible.
Je crois en un seul Seigneur, Jésus Christ, le Fils unique de Dieu,
né du Père avant tous les siècles : il est Dieu, né de Dieu,
lumière née de la lumière, vrai Dieu, né du vrai Dieu,
engendré, non pas créé, consubstantiel au Père, et par lui tout a été fait.
Pour nous les hommes, et pour notre salut, il descendit du ciel ;
par l'Esprit Saint, il a pris chair de la Vierge Marie, et s'est fait homme.
Crucifié pour nous sous Ponce Pilate,
il souffrit sa passion et fut mis au tombeau.
Il ressuscita le troisième jour, conformément aux Écritures,
et il monta au ciel ; il est assis à la droite du Père.
Il reviendra dans la gloire, pour juger les vivants et les morts ;
et son règne n'aura pas de fin.
Je crois en l'Esprit Saint, qui est Seigneur et qui donne la vie ;
il procède du Père et du Fils ; avec le Père et le Fils,
il reçoit même adoration et même gloire ; il a parlé par les prophètes.
Je crois en l'Église, une, sainte, catholique et apostolique.
Je reconnais un seul baptême pour le pardon des péchés.
J'attends la résurrection des morts, et la vie du monde à venir. Amen.

Credo in unum Deum, Patrem omnipotentem,
Factorem cæli et terræ, visibilium omnium et invisibilium.
Et in unum Dominum Iesum Christum, Filium Dei unigenitum,
et ex Patre natum ante omnia sæcula.
Deum de Deo, lumen de lumine, Deum verum de Deo vero, genitum,
non factum, consubstantialem Patri : per quem omnia facta sunt.
Qui propter nos homines et propter nostram salutem descendit de cælis.
Et incarnatus est de Spiritu Sancto ex Maria Virgine, et homo factus est.
Crucifixus etiam pro nobis sub Pontio Pilato ;
passus et sepultus est, et resurrexit tertia die, secundum Scripturas,
et ascendit in cælum, sedet ad dexteram Patris.
Et iterum venturus est cum gloria, iudicare vivos et mortuos,
cuius regni non erit finis.
Et in Spiritum Sanctum, Dominum et vivificantem :
qui ex Patre Filioque procedit.
Qui cum Patre et Filio simul adoratur et conglorificatur :
qui locutus est per prophetas.
Et unam, sanctam, catholicam et apostolicam Ecclesiam.
Confiteor unum baptisma in remissionem peccatorum.
Et exspecto resurrectionem mortuorum, et vitam venturi sæculi.
Amen.

Symbole des Apôtres

Je crois en Dieu, le Père tout-puissant, créateur du ciel et de la terre.
Et en Jésus Christ, son Fils unique, notre Seigneur,
qui a été conçu du Saint-Esprit, est né de la Vierge Marie,
a souffert sous Ponce Pilate, a été crucifié, est mort et a été enseveli,
est descendu aux enfers, le troisième jour est ressuscité des morts,
est monté aux cieux, est assis à la droite de Dieu le Père tout-puissant,
d'où il viendra juger les vivants et les morts.
Je crois en l'Esprit Saint, à la sainte Église catholique,
à la communion des saints, à la rémission des péchés,
à la résurrection de la chair, à la vie éternelle. Amen.

Prière universelle

LITURGIE EUCHARISTIQUE

Préparation des dons

Tu es béni, Seigneur, Dieu de l'univers : nous avons reçu de ta bonté le pain que nous te présentons, fruit de la terre et du travail des hommes; il deviendra pour nous le pain de la vie. ***—Béni soit Dieu, maintenant et toujours !***

Comme cette eau se mêle au vin pour le sacrement de l'Alliance, puissions-nous être unis à la divinité de celui qui a voulu prendre notre humanité.

Tu es béni, Seigneur, Dieu de l'univers : nous avons reçu de ta bonté le vin que nous te présentons, fruit de la vigne et du travail des hommes; il deviendra pour nous le vin du Royaume éternel.

—Béni soit Dieu, maintenant et toujours !

Le cœur humble et contrit, nous te supplions, Seigneur, accueille-nous : que notre sacrifice, en ce jour, trouve grâce devant toi, Seigneur notre Dieu. Lave-moi de mes fautes, Seigneur, et purifie-moi de mon péché.

Prière sur les offrandes

Priez, frères et sœurs : que mon sacrifice, qui est aussi le vôtre, soit agréable à Dieu le Père tout-puissant.
— Que le Seigneur reçoive de vos mains ce sacrifice à la louange et à la gloire de son nom, pour notre bien et celui de toute l'Église.

Ou bien :

Prions ensemble, au moment d'offrir le sacrifice de toute l'Église.
— Pour la gloire de Dieu et le salut du monde.

Prière eucharistique

Le Seigneur soit avec vous. ***— Et avec votre esprit.***
Élevons notre cœur. ***— Nous le tournons vers le Seigneur.***
Rendons grâce au Seigneur notre Dieu. ***— Cela est juste et bon.***

Préfaces

1re préface des dimanches

Le mystère pascal et le peuple de Dieu

Vraiment, il est juste et bon, pour ta gloire et notre salut, de t'offrir notre action de grâce, toujours et en tout lieu, Seigneur, Père très saint, Dieu éternel et tout-puissant, par le Christ, notre Seigneur. Dans le mystère de sa Pâque, il a fait une œuvre merveilleuse : car nous étions esclaves de la mort et du péché, et nous sommes appelés à partager sa gloire ; nous portons désormais ces noms glorieux : descendance choisie, sacerdoce royal, nation sainte, peuple racheté ; nous pouvons annoncer au monde les merveilles que tu as accomplies, toi qui nous appelles des ténèbres à ton admirable lumière. C'est pourquoi, avec les anges et les archanges, avec les puissances d'en haut et tous les esprits bienheureux, nous chantons l'hymne de ta gloire et sans fin nous proclamons :

Saint ! Saint ! Saint...

8e préface des dimanches

L'Église unifiée par l'unité de la Trinité

Vraiment, il est juste et bon, pour ta gloire et notre salut, de t'offrir notre action de grâce, toujours et en tout lieu, Seigneur, Père très saint, Dieu éternel et tout-puissant. Par le sang de ton Fils et la force de l'Esprit, tu as voulu réunir auprès de toi tes enfants que le péché avait éloignés ; et ce peuple qui tient son unité de la Trinité sainte, à la louange de ta sagesse infinie, c'est l'Église, Corps du Christ et Temple de l'Esprit. C'est pourquoi, unissant nos voix à celles des anges, nous te louons dans la joie en proclamant :

Saint ! Saint ! Saint...

1re préface de la Vierge Marie

La maternité de la bienheureuse Vierge Marie

Vraiment, il est juste et bon, pour ta gloire et notre salut, de t'offrir notre action de grâce, toujours et en tout lieu, Seigneur, Père très saint, Dieu éternel et tout-puissant. En ce jour où nous célébrons la *(nommer la fête)* de la bienheureuse Vierge Marie : ...
• où nous célébrons la mémoire de la bienheureuse Vierge Marie : ...
• où nous honorons la bienheureuse Vierge Marie : ...nous voulons te

chanter, te bénir et te glorifier. Car elle a conçu ton Fils unique lorsque le Saint-Esprit la couvrit de son ombre, et, gardant pour toujours la gloire de sa virginité, elle a donné au monde la lumière éternelle, Jésus, le Christ, notre Seigneur. Par lui, les anges célèbrent ta grandeur, et les esprits bienheureux adorent ta gloire ; par lui s'inclinent devant toi les puissances d'en haut et tressaillent d'une même allégresse les innombrables créatures des cieux. À leur hymne de louange, laisse-nous joindre nos voix pour chanter et proclamer :

Saint ! Saint ! Saint…

Préface des saints pasteurs

La présence des saints pasteurs dans l'Église

Vraiment, il est juste et bon, pour ta gloire et notre salut, de t'offrir notre action de grâce, toujours et en tout lieu, Seigneur, Père très saint, Dieu éternel et tout-puissant, par le Christ, notre Seigneur. Tu donnes à ton Église de se réjouir en la fête de saint (des saints) N. : par l'exemple qu'il a (qu'ils ont) donné, tu nous encourages, par son (leur) enseignement, tu nous éclaires, à sa (leur) prière, tu veilles sur nous. C'est pourquoi, avec la multitude des anges et des saints, nous chantons l'hymne de ta gloire et sans fin nous proclamons :

Saint ! Saint ! Saint…

Préface des saints et saintes, vierges et religieux

Signification de la vie consacrée

Vraiment, il est juste et bon, pour ta gloire et notre salut, de t'offrir notre action de grâce, toujours et en tout lieu, Seigneur, Père très saint, Dieu éternel et tout-puissant. Nous célébrons les prévenances de ton amour pour tant d'hommes et de femmes parvenus à la sainteté en se donnant au Christ à cause du royaume des Cieux. Par ce mystère d'alliance, tu veux que notre condition humaine retrouve sa splendeur première, et que, dès ici-bas, nous ayons un avant-goût des biens que tu nous donneras dans le monde à venir. C'est pourquoi, avec les saints et tous les anges, nous te louons et sans fin nous proclamons : ***Saint ! Saint ! Saint...***

1re préface des saints

La gloire des saints

Vraiment, il est juste et bon, pour ta gloire et notre salut, de t'offrir notre action de grâce, toujours et en tout lieu, Seigneur, Père très saint, Dieu éternel et tout-puissant. Car tu es glorifié dans l'assemblée des saints : lorsque tu couronnes leurs mérites, tu couronnes tes propres dons. Dans leur vie, tu nous procures un modèle, dans la communion avec eux, une famille, et dans leur intercession, un appui ; afin que, soutenus par de si nombreux témoins, nous courions jusqu'au bout l'épreuve qui nous est proposée et recevions avec eux l'impérissable couronne de gloire, par le Christ, notre Seigneur. C'est pourquoi, avec les anges et les archanges, avec la foule immense des saints, nous chantons l'hymne de ta gloire et sans fin nous proclamons :

Saint ! Saint ! Saint...

1re préface des saints martyrs

Signification et valeur exemplaire du martyre

Vraiment, il est juste et bon, pour ta gloire et notre salut, de t'offrir notre action de grâce, toujours et en tout lieu, Seigneur, Père très saint, Dieu éternel et tout-puissant. Nous reconnaissons un signe éclatant de ta grâce dans le martyre de saint (de sainte, des saints, des saintes) N. ; en répandant son (leur) propre sang comme le Christ, il a (elle a, ils ont, elles ont) glorifié ton nom. C'est ta puissance qui se déploie dans la faiblesse quand tu donnes à des êtres fragiles de te rendre témoignage par le Christ, notre Seigneur. C'est pourquoi, avec

les puissances des cieux, nous pouvons te bénir sur la terre et t'adorer sans fin en proclamant :
Saint ! Saint ! Saint…

2e préface des saints martyrs

Les merveilles de Dieu dans la victoire des martyrs

Vraiment, il est juste et bon, pour ta gloire et notre salut, de t'offrir notre action de grâce, toujours et en tout lieu, Seigneur, Père très saint, Dieu éternel et tout-puissant. En louant tes saints martyrs, c'est toi que nous exaltons, et leur passion révèle l'œuvre admirable de ta puissance : tu leur donnes, en ta bonté, de croire avec ardeur, de persévérer sans faiblir et de vaincre dans le combat, par le Christ notre Seigneur. C'est pourquoi le ciel et la terre t'adorent ; ils te chantent le cantique nouveau, et nous-mêmes, unissant notre voix à celle des anges, nous t'acclamons : ***Saint ! Saint ! Saint…***

1re préface commune

Récapitulation de toutes choses dans le Christ

Vraiment, il est juste et bon, pour ta gloire et notre salut, de t'offrir notre action de grâce, toujours et en tout lieu, Seigneur, Père très saint, Dieu éternel et tout-puissant, par le Christ, notre Seigneur. En lui tu as voulu récapituler toutes choses, et tu nous as fait partager la vie qu'il possède en plénitude. Lui qui est de condition divine, il s'est anéanti pour donner au monde la paix par le sang de sa croix ; élevé au-dessus de toute créature, il est devenu pour tous ceux qui lui obéissent la cause du salut éternel. C'est pourquoi, avec les anges et les archanges, avec les puissances d'en haut et tous les esprits bienheureux, nous chantons l'hymne de ta gloire et sans fin nous proclamons :
Saint ! Saint ! Saint…

6e préface commune

Le mystère du salut dans le Christ

Vraiment, Père très saint, il est juste et bon, pour ta gloire et notre salut, de t'offrir notre action de grâce, toujours et en tout lieu, par ton Fils bien-aimé, Jésus, le Christ : il est ta Parole par qui tu as créé toutes choses ; c'est lui que tu nous as envoyé comme Rédempteur et Sauveur, Dieu fait homme, conçu de l'Esprit Saint, né de la Vierge Marie. Pour accomplir jusqu'au bout ta volonté et rassembler un peuple saint qui t'appartienne, il étendit les mains à l'heure de sa passion, afin de briser la mort, et de manifester la résurrection. C'est pourquoi, avec les anges et tous les saints, nous chantons ta gloire, et d'une seule voix nous proclamons :

Saint ! Saint ! Saint, le Seigneur,
Dieu de l'univers !
Le ciel et la terre
sont remplis de ta gloire.
Hosanna au plus haut des cieux.
Béni soit celui qui vient
au nom du Seigneur.
Hosanna au plus haut des cieux.

Sanctus, Sanctus, Sanctus
Dominus Deus Sabaoth.
Pleni sunt cæli et terra gloria tua.
Hosanna in excelsis.
Benedictus qui venit in nomine
Domini. Hosanna in excelsis.

• *Prière eucharistique 1*
« Toi, Père très aimant... » .... *p. 226*
• *Prière eucharistique 2*
« Toi qui es vraiment saint... » .... *p. 230*
• *Prière eucharistique 3*
« Tu es vraiment saint... » .... *p. 233*
• *Prière eucharistique 4*
« Père très saint... » .... *p. 237*

Prière eucharistique nº 1

(Préfaces : p. 220)

Toi, Père très aimant, nous te prions et te supplions par Jésus Christ, ton Fils, notre Seigneur, d'accepter et de bénir ✠ ces dons, ces offrandes, sacrifice pur et saint, que nous te présentons avant tout pour ta sainte Église catholique : accorde-lui la paix et protège-la, daigne la rassembler dans l'unité et la gouverner par toute la terre ; nous les présentons en union avec ton serviteur notre pape N., notre évêque N., et tous ceux qui gardent fidèlement la foi catholique reçue des Apôtres.

Souviens-toi, Seigneur, de tes serviteurs et de tes servantes (de N. et de N.), et de tous ceux qui sont ici réunis, dont tu connais la foi et l'attachement. Nous t'offrons pour eux, ou ils t'offrent pour eux-mêmes et tous les leurs ce sacrifice de louange, pour leur propre rédemption, pour la paix, et le salut qu'ils espèrent ; ils te rendent cet hommage, à toi, Dieu éternel, vivant et vrai.

(1) **En semaine :**

• Unis dans une même communion, vénérant d'abord la mémoire de la bienheureuse Marie toujours vierge, Mère de notre Dieu et Seigneur, Jésus Christ, •••

(2) **Le dimanche :**

• Unis dans une même communion, nous célébrons le jour où le Christ est ressuscité d'entre les morts ; et vénérant d'abord la mémoire de la bienheureuse Marie toujours vierge, Mère de notre Dieu et Seigneur, Jésus Christ, •••

(3) **Pour la Nativité de saint Jean Baptiste :**

• Unis dans une même communion, nous célébrons le jour de la naissance de saint Jean, le Précurseur, qui a préparé le chemin au Sauveur des hommes ;

et vénérant d'abord la mémoire de la bienheureuse Marie toujours vierge, Mère de notre Dieu et Seigneur, Jésus Christ, •••

••• et celle de saint Joseph, son époux, des bienheureux Apôtres et martyrs Pierre et Paul, André, [Jacques et Jean, Thomas, Jacques et Philippe, Barthélemy et Matthieu, Simon et Jude, Lin, Clet, Clément, Sixte, Corneille et Cyprien, Laurent, Chrysogone, Jean et Paul, Côme et Damien,] et de tous les saints, nous t'en supplions : accorde-nous, par leur prière et leurs mérites, d'être toujours et partout, forts de ton secours et de ta protection. [Par le Christ, notre Seigneur. Amen.]

Voici donc l'offrande que nous présentons devant toi, nous, tes serviteurs, et ta famille entière : Seigneur, dans ta bienveillance, accepte-la. Assure toi-même la paix de notre vie, arrache-nous à la damnation éternelle et veuille nous admettre au nombre de tes élus. [Par le Christ, notre Seigneur. Amen.]

Seigneur Dieu, nous t'en prions, daigne bénir et accueillir cette offrande, accepte-la pleinement, rends-la parfaite et digne de toi : qu'elle devienne pour nous le corps et le sang de ton Fils bien-aimé, Jésus, le Christ, notre Seigneur.

La veille de sa passion, il prit le pain dans ses mains très saintes et, les yeux levés au ciel, vers toi, Dieu, son Père tout-puissant, en te rendant grâce il dit la bénédiction, il rompit le pain, et le donna à ses disciples, en disant : « **Prenez, et mangez-en tous** : ceci est mon corps livré pour vous. »
De même, après le repas, il prit cette coupe incomparable dans ses mains

très saintes; et, te rendant grâce à nouveau, il dit la bénédiction, et donna la coupe à ses disciples, en disant : « **Prenez, et buvez-en tous,** car ceci est la coupe de mon sang, le sang de l'Alliance nouvelle et éternelle, qui sera versé pour vous et pour la multitude en rémission des péchés. Vous ferez cela en mémoire de moi. »

(1) Il est grand, le mystère de la foi :
— Nous annonçons ta mort, Seigneur Jésus, nous proclamons ta résurrection, nous attendons ta venue dans la gloire.
(2) Acclamons le mystère de la foi :
— Quand nous mangeons ce pain et buvons à cette coupe, nous annonçons ta mort, Seigneur ressuscité, et nous attendons que tu viennes.
(3) Qu'il soit loué, le mystère de la foi :
— Sauveur du monde, sauve-nous ! Par ta croix et ta résurrection, tu nous as libérés.

ou: Proclamons le mystère de la foi :
— Gloire à toi qui étais mort, gloire à toi qui es vivant, notre Sauveur et notre Dieu: viens, Seigneur Jésus !

Mysterium fidei.
(1) – *Mortem tuam annuntiamus, Domine, et tuam resurrectionem confitemur, donec venias.*
(2) – *Quotiescumque manducamus panem hunc et calicem bibimus, mortem tuam annuntiamus, Domine, donec venias.*
(3) – *Salvator mundi, salva nos, qui per crucem et resurrectionem tuam liberasti nos.*

Voilà pourquoi nous, tes serviteurs, et ton peuple saint avec nous, faisant mémoire de la passion bienheureuse de ton Fils, Jésus, le Christ, notre Seigneur, de sa résurrection du séjour des morts et de sa glorieuse ascension dans le ciel, nous te présentons, Dieu de gloire et de majesté, cette offrande prélevée sur les biens que tu nous donnes, le sacrifice pur et saint, le sacrifice parfait, pain de la vie éternelle et coupe du salut. Et comme il t'a plu d'accueillir les présents de ton serviteur Abel le Juste, le sacrifice d'Abraham, notre père dans la foi, et celui que t'offrit Melkisédek, ton grand prêtre, oblation sainte et immaculée, regarde ces offrandes avec amour et, dans ta bienveillance, accepte-les. Nous t'en supplions, Dieu tout-puissant : qu'elles soient portées par les mains de ton saint Ange en présence de ta gloire, sur ton autel céleste, afin qu'en recevant ici, par notre communion à l'autel, le corps et le sang très saints de ton Fils, nous soyons comblés de la grâce et de toute bénédiction du ciel. [Par le Christ, notre Seigneur. Amen.]

Souviens-toi aussi, Seigneur, de tes serviteurs et de tes servantes (de N. et N.) qui nous ont précédés, marqués du signe de la foi, et qui dorment dans la paix. Pour eux et pour tous ceux qui reposent dans le Christ, nous implorons ta bonté, Seigneur : qu'ils demeurent dans la joie, la lumière et la paix. [Par le Christ, notre Seigneur. Amen.]

Et nous pécheurs, tes serviteurs, qui mettons notre espérance en ta miséricorde inépuisable, admets-nous dans la communauté des saints Apôtres et martyrs, avec Jean Baptiste, Étienne, Matthias et Barnabé, [Ignace, Alexandre, Marcellin et Pierre, Félicité et Perpétue, Agathe, Lucie, Agnès, Cécile, Anastasie,] et tous les saints ; nous t'en prions, accueille-nous dans leur compagnie, sans nous juger sur le mérite mais en accordant largement ton pardon. Par le Christ, notre Seigneur. Par lui, tu ne cesses de créer tous ces biens, tu les sanctifies, leur donnes la vie, les bénis, et nous en fais le don.

Prière eucharistique nº 2

Par lui, avec lui et en lui, à toi, Dieu le Père tout-puissant, dans l'unité du Saint-Esprit, tout honneur et toute gloire, pour les siècles des siècles.
— *Amen.*

Vient ensuite le rite de la communion, p. 240.

Prière eucharistique nº 2

(On peut aussi choisir une autre préface.)

Vraiment, Père très saint, il est juste et bon, pour ta gloire et notre salut, de t'offrir notre action de grâce, toujours et en tout lieu, par ton Fils bien-aimé, Jésus, le Christ : il est ta parole par qui tu as créé toutes choses ; c'est lui que tu nous as envoyé comme Rédempteur et Sauveur, Dieu fait homme, conçu de l'Esprit Saint, né de la Vierge Marie. Pour accomplir jusqu'au bout ta volonté et rassembler un peuple saint qui t'appartienne, il étendit les mains à l'heure de sa passion, afin de briser la mort, et de manifester la résurrection. C'est pourquoi, avec les anges et tous les saints, nous chantons ta gloire, et d'une seule voix nous proclamons :

Saint ! Saint ! Saint, le Seigneur,
Dieu de l'univers ! Le ciel et la terre
sont remplis de ta gloire.
Hosanna au plus haut des cieux.
Béni soit celui qui vient
au nom du Seigneur.
Hosanna au plus haut des cieux.

(Voir p. 225 pour la version latine.)

(1) **En semaine :**

• Toi qui es vraiment saint, toi qui es la source de toute sainteté, Seigneur, nous te prions : •••

(2) **Le dimanche :**

• Toi qui es vraiment saint, toi qui es la source de toute sainteté, Dieu notre Père, nous voici rassemblés devant toi, et, dans la communion de toute l'Église, nous célébrons le jour où le Christ est ressuscité d'entre les morts. Par lui que tu as élevé à ta droite, nous te prions : •••

(3) Pour la Nativité de saint Jean Baptiste :

• Toi qui es vraiment saint, toi qui es la source de toute sainteté, Dieu notre Père, nous voici rassemblés devant toi et, dans la communion de toute l'Église, nous célébrons le jour de la naissance de saint Jean, le Précurseur, qui a préparé le chemin au Sauveur des hommes, le Christ Jésus, lui qui est venu après Jean, mais qui existait avant lui ; et maintenant, nous te prions : •••

••• Sanctifie ces offrandes en répandant sur elles ton Esprit ; qu'elles deviennent pour nous le corps et ✠ le sang de Jésus, le Christ, notre Seigneur.

Au moment d'être livré et d'entrer librement dans sa passion, il prit le pain, il rendit grâce, il le rompit et le donna à ses disciples, en disant : « **Prenez, et mangez-en tous** : ceci est mon corps livré pour vous. »

De même, après le repas, il prit la coupe ; de nouveau il rendit grâce, et la donna à ses disciples, en disant : « **Prenez, et buvez-en tous**, car ceci est la coupe de mon sang, le sang de l'Alliance nouvelle et éternelle, qui sera versé pour vous et pour la multitude en rémission des péchés. Vous ferez cela en mémoire de moi. »

(1) Il est grand, le mystère de la foi :
— Nous annonçons ta mort, Seigneur Jésus, nous proclamons ta résurrection, nous attendons ta venue dans la gloire.

(2) Acclamons le mystère de la foi :
— Quand nous mangeons ce pain

Prière eucharistique n° 2

et buvons à cette coupe, nous annonçons ta mort, Seigneur ressuscité, et nous attendons que tu viennes.

(3) Qu'il soit loué, le mystère de la foi :
— Sauveur du monde, sauve-nous ! Par ta croix et ta résurrection, tu nous as libérés.
ou Proclamons le mystère de la foi :
— Gloire à toi qui étais mort, gloire à toi qui es vivant, notre Sauveur et notre Dieu : viens, Seigneur Jésus !
(Voir p. 228 pour la version latine.)

En faisant ainsi mémoire de la mort et de la résurrection de ton Fils, nous t'offrons, Seigneur, le pain de la vie et la coupe du salut, et nous te rendons grâce, car tu nous as estimés dignes de nous tenir devant toi pour te servir. Humblement, *nous te demandons* qu'en ayant part au corps et au sang du Christ, nous soyons rassemblés par l'Esprit Saint en un seul corps.

Souviens-toi, Seigneur, de ton Église répandue à travers le monde : fais-la grandir dans ta charité en union avec notre pape **N.**, notre évêque **N.**, et tous les évêques, les prêtres et les diacres.

Souviens-toi aussi de nos frères et sœurs qui se sont endormis dans l'espérance de la résurrection, et souviens-toi, dans ta miséricorde, de tous les défunts : accueille-les dans la lumière de ton visage.

Sur nous tous enfin, nous implorons ta bonté : permets qu'avec la Vierge Marie, la bienheureuse Mère de Dieu, avec saint Joseph, son époux, les Apôtres et tous les saints qui ont fait ta joie au long des âges, nous ayons part à la vie éternelle et que nous chantions ta louange et ta gloire, par ton Fils Jésus, le Christ.

Par lui, avec lui et en lui, à toi, Dieu le Père tout-puissant, dans l'unité du Saint-Esprit, tout honneur et toute gloire, pour les siècles des siècles.

— *Amen.*

Vient ensuite le rite de la communion, p. 240.

Prière eucharistique nº 3

(Préfaces : p. 220)

Tu es vraiment saint, Dieu de l'univers, et il est juste que toute la création proclame ta louange, car c'est toi qui donnes la vie, c'est toi qui sanctifies toutes choses, par ton Fils, Jésus Christ, notre Seigneur, avec la puissance de l'Esprit Saint ; et tu ne cesses de rassembler ton peuple, afin que, du levant au couchant du soleil, une offrande pure soit présentée à ton nom.

***(1)* En semaine :**

• C'est pourquoi nous te supplions, Seigneur, de consacrer toi-même les offrandes que nous apportons : •••

***(2)* Le dimanche :**

• C'est pourquoi nous voici rassemblés devant toi, Dieu notre Père, et, dans la communion de toute l'Église, nous célébrons le jour où le Christ est ressuscité d'entre les morts. Par lui, que tu as élevé à ta droite, nous te supplions de consacrer toi-même les offrandes que nous apportons : •••

***(3)* Pour la Nativité de saint Jean Baptiste :**

• C'est pourquoi nous voici rassemblés devant toi, Dieu notre Père, et, dans la communion de toute l'Église, nous célébrons le jour de la naissance de

Prière eucharistique nº 3

saint Jean, le Précurseur, qui a préparé le chemin au Sauveur des hommes, le Christ Jésus, lui qui est venu après Jean, mais qui existait avant lui ; nous te supplions de consacrer toi-même les offrandes que nous apportons : •••

••• Sanctifie-les par ton Esprit pour qu'elles deviennent le corps ✛ et le sang de ton Fils, Jésus Christ, notre Seigneur, qui nous a dit de célébrer ce mystère.

La nuit même où il fut livré, il prit le pain, en te rendant grâce il dit la bénédiction, il rompit le pain, et le donna à ses disciples, en disant : « **Prenez, et mangez-en tous** : ceci est mon corps livré pour vous. »
De même, après le repas, il prit la coupe ; en te rendant grâce il dit la bénédiction, et donna la coupe à ses disciples, en disant : « **Prenez, et buvez-en tous**, car ceci est la coupe de mon sang, le sang de l'Alliance nouvelle et éternelle, qui sera versé pour vous et pour la multitude en rémission des péchés. Vous ferez cela en mémoire de moi. »

(1) Il est grand, le mystère de la foi :
— Nous annonçons ta mort, Seigneur Jésus, nous proclamons ta résurrection, nous attendons ta venue dans la gloire.

(2) Acclamons le mystère de la foi :
— Quand nous mangeons ce pain et buvons à cette coupe, nous annonçons ta mort, Seigneur ressuscité, et nous attendons que tu viennes.

(3) Qu'il soit loué, le mystère de la foi :
— Sauveur du monde, sauve-nous ! Par ta croix et ta résurrection, tu nous as libérés.
ou : Proclamons le mystère de la foi :
— Gloire à toi qui étais mort, gloire à toi qui es vivant, notre Sauveur et notre Dieu : viens, Seigneur Jésus !
(Voir p. 228 pour la version latine.)

Prière eucharistique nº 3

En faisant ainsi mémoire de ton Fils, de sa passion qui nous sauve, de sa glorieuse résurrection et de son ascension dans le ciel, alors que nous attendons son dernier avènement, nous t'offrons, Seigneur, en action de grâce, ce sacrifice vivant et saint. Regarde, nous t'en prions, l'oblation de ton Église, et daigne y reconnaître ton Fils qui, selon ta volonté, s'est offert en sacrifice pour nous réconcilier avec toi. Quand nous serons nourris de son corps et de son sang, et remplis de l'Esprit Saint, accorde-nous d'être un seul corps et un seul esprit dans le Christ.

Que l'Esprit Saint fasse de nous une éternelle offrande à ta gloire, pour que nous obtenions un jour l'héritage promis, avec tes élus : en premier lieu la bienheureuse Vierge Marie, Mère de Dieu, avec saint Joseph, son époux, les bienheureux Apôtres, les glorieux martyrs, (saint N.) et tous les saints, qui ne cessent d'intercéder auprès de toi et nous assurent de ton secours.

Et maintenant nous te supplions, Seigneur : par le sacrifice qui nous réconcilie avec toi, étends au monde entier le salut et la paix. Affermis ton Église, en pèlerinage sur la terre, dans la foi et la charité, en union avec ton serviteur notre pape N., et notre évêque N., l'ensemble des évêques, les prêtres, les diacres, et tout le peuple que tu as racheté. Écoute, en ta bonté, les prières de ta famille, que tu as voulu rassembler devant toi. Dans ta miséricorde, ramène à toi, Père très aimant, tous tes enfants dispersés.

Pour nos frères et sœurs défunts, et pour tous ceux qui ont quitté ce monde et trouvent grâce devant toi, nous te prions : en ta bienveillance, accueille-les dans ton Royaume, où nous espérons être comblés de ta gloire, tous ensemble et pour l'éternité, par le Christ, notre Seigneur, par qui tu donnes au monde toute grâce et tout bien.

Par lui, avec lui et en lui, à toi, Dieu le Père tout-puissant, dans l'unité du Saint-Esprit, tout honneur et toute gloire, pour les siècles des siècles.

— Amen.

Vient ensuite le rite de la communion, p. 240.

Prière eucharistique n° 4

Vraiment, il est bon de te rendre grâce, il est juste et bon de te glorifier, Père très saint, car tu es le seul Dieu, le Dieu vivant et vrai : toi qui es avant tous les siècles, tu demeures éternellement, lumière au-delà de toute lumière. Toi, le Dieu de bonté, la source de la vie, tu as fait le monde pour que toute créature soit comblée de tes bénédictions, et que beaucoup se réjouissent de l'éclat de ta lumière. Ainsi, la foule innombrable des anges qui te servent jour et nuit se tiennent devant toi, et, contemplant la splendeur de ta face, n'interrompent jamais leur louange. Unis à leur hymne d'allégresse, avec la création tout entière qui t'acclame par nos voix, Dieu, nous te chantons (louons) :

Saint ! Saint ! Saint, le Seigneur,
Dieu de l'univers !
Le ciel et la terre
sont remplis de ta gloire.
Hosanna au plus haut des cieux.
Béni soit celui qui vient
au nom du Seigneur.
Hosanna au plus haut des cieux.

(Voir p. 225 pour la version latine.)

Prière eucharistique nº 4

Père très saint, nous proclamons que tu es grand et que tu as fait toutes choses avec sagesse et par amour : tu as créé l'homme à ton image et tu lui as confié l'univers, afin qu'en te servant, toi seul, son Créateur, il règne sur la création. Comme il avait perdu ton amitié par sa désobéissance, tu ne l'as pas abandonné au pouvoir de la mort. Dans ta miséricorde, tu es venu en aide à tous les hommes pour qu'ils te cherchent et puissent te trouver. Tu as multiplié les alliances avec eux, et tu les as formés, par les prophètes, dans l'espérance du salut. Tu as tellement aimé le monde, Père très saint, que tu nous as envoyé ton Fils unique, lorsque les temps furent accomplis, pour qu'il soit notre Sauveur. Dieu fait homme, conçu de l'Esprit Saint, né de la Vierge Marie, il a vécu notre condition humaine en toute chose, excepté le péché, annonçant aux pauvres la bonne nouvelle du salut ; aux captifs, la délivrance ; aux affligés, la joie. Pour accomplir le dessein de ton amour, il s'est livré lui-même à la mort, et, par sa résurrection, il a détruit la mort et renouvelé la vie. Afin que désormais notre vie ne soit plus à nous-mêmes, mais à lui qui est mort et ressuscité pour nous, il a envoyé d'auprès de toi, Père, comme premier don fait aux croyants, l'Esprit Saint qui continue son œuvre dans le monde et achève toute sanctification.

Que ce même Esprit Saint, nous t'en prions, Seigneur, sanctifie ces offrandes : qu'elles deviennent ainsi le corps ✠ et le sang de notre Seigneur Jésus, le Christ, dans la célébration de ce grand mystère, que lui-même nous a laissé en signe de l'Alliance éternelle.

Quand l'heure fut venue où tu allais le glorifier, Père très saint, comme il avait aimé les siens qui étaient dans

Prière eucharistique n° 4

le monde, il les aima jusqu'au bout : pendant le repas qu'il partageait avec eux, il prit le pain, dit la bénédiction, le rompit et le donna à ses disciples, en disant :
« **Prenez, et mangez-en tous** : ceci est mon corps livré pour vous. »
De même, il prit la coupe remplie de vin, il rendit grâce, et la donna à ses disciples, en disant : « **Prenez, et buvez-en tous,** car ceci est la coupe de mon sang, le sang de l'Alliance nouvelle et éternelle, qui sera versé pour vous et pour la multitude en rémission des péchés. Vous ferez cela en mémoire de moi. »

(1) Il est grand, le mystère de la foi :
— Nous annonçons ta mort,
Seigneur Jésus,
nous proclamons ta résurrection,
nous attendons ta venue dans la gloire.

(2) Acclamons le mystère de la foi :
— Quand nous mangeons ce pain
et buvons à cette coupe,
nous annonçons ta mort,
Seigneur ressuscité,
et nous attendons que tu viennes.

(3) Qu'il soit loué, le mystère de la foi :
— Sauveur du monde, sauve-nous !
Par ta croix et ta résurrection,
tu nous as libérés.
ou :
Proclamons le mystère de la foi :
— Gloire à toi qui étais mort,
gloire à toi qui es vivant,
notre Sauveur et notre Dieu :
viens, Seigneur Jésus !
(Voir p. 228 pour la version latine.)

Voilà pourquoi, Seigneur, nous célébrons aujourd'hui le mémorial de notre rédemption : en rappelant la mort du Christ et sa descente au séjour des morts, en proclamant sa résurrection et son ascension à ta droite, en attendant sa venue dans la gloire, nous t'offrons son corps et son sang, le sacrifice qui est digne de toi et qui sauve le monde entier. Regarde, Seigneur, celui qui s'offre dans le sacrifice que toi-même as préparé pour ton Église, et, dans ta bonté, accorde à tous ceux qui vont partager ce pain et boire à cette coupe d'être rassemblés par l'Esprit Saint en un seul corps, pour qu'ils deviennent eux-mêmes dans le Christ une vivante offrande à la louange de ta gloire.

Et maintenant, Seigneur, rappelle-toi tous ceux pour qui nous offrons le sacrifice : en premier lieu, ton serviteur notre pape N., notre évêque N., et l'ensemble des évêques, les prêtres et les diacres, les fidèles qui présentent cette offrande, les membres de notre assemblée, le peuple entier qui t'appartient, et tous ceux qui te cherchent avec droiture.

Souviens-toi aussi de ceux qui sont morts dans la paix du Christ, et de tous les défunts dont toi seul connais la foi.

À nous qui sommes tes enfants, accorde, Père très bon, l'héritage de la vie éternelle auprès de la Vierge Marie, la bienheureuse Mère de Dieu, auprès de saint Joseph, son époux, des Apôtres et de tous les saints, dans ton Royaume. Nous pourrons alors, avec la création tout entière, enfin libérée de la corruption du péché et de la mort, te glorifier par le Christ, notre Seigneur, par qui tu donnes au monde toute grâce et tout bien.

Par lui, avec lui et en lui, à toi, Dieu le Père tout-puissant, dans l'unité du Saint-Esprit, tout honneur et toute gloire, pour les siècles des siècles.
— *Amen.*

Vient ensuite le rite de la communion, p. 240.

RITE DE LA COMMUNION

Notre Père

(1) Comme nous l'avons appris du Sauveur, et selon son commandement, nous osons dire :

(2) Unis dans le même Esprit, nous pouvons dire avec confiance la prière que nous avons reçue du Sauveur :

Notre Père qui es aux cieux, que ton nom soit sanctifié,
que ton règne vienne, que ta volonté soit faite sur la terre comme au ciel.
Donne-nous aujourd'hui notre pain de ce jour. Pardonne-nous nos offenses,
comme nous pardonnons aussi à ceux qui nous ont offensés.
Et ne nous laisse pas entrer en tentation, mais délivre-nous du Mal.

(3) *Præceptis salutaribus moniti, et divina institutione formati, audemus dicere : Pater noster, qui es in cælis : sanctificetur nomen tuum ; adveniat regnum tuum ; fiat voluntas tua, sicut in cælo, et in terra. Panem nostrum cotidianum da nobis hodie ; et dimitte nobis debita nostra, sicut et nos dimittimus debitoribus nostris ; et ne nos inducas in tentationem ; sed libera nos a malo.*

Délivre-nous de tout mal, Seigneur, et donne la paix à notre temps : soutenus par ta miséricorde, nous serons libérés de tout péché, à l'abri de toute épreuve, nous qui attendons que se réalise cette bienheureuse espérance : l'avènement de Jésus Christ, notre Sauveur.

— Car c'est à toi qu'appartiennent le règne,
la puissance et la gloire pour les siècles des siècles !

Échange de la paix

Seigneur Jésus Christ, tu as dit à tes Apôtres : « Je vous laisse la paix, je vous donne ma paix » ; ne regarde pas nos péchés mais la foi de ton Église ; pour que ta volonté s'accomplisse, donne-lui toujours cette paix, et conduis-la vers l'unité parfaite, toi qui vis et règnes pour les siècles des siècles. **— *Amen.***
Que la paix du Seigneur soit toujours avec vous. **— Et avec votre esprit.**
Dans la charité du Christ, donnez-vous la paix.

Fraction du pain

Que le corps et le sang de notre Seigneur Jésus Christ, réunis dans cette coupe, nourrissent en nous la vie éternelle.

Agneau de Dieu

Agneau de Dieu, qui enlèves les péchés du monde, prends pitié de nous. *(bis)*
Agneau de Dieu, qui enlèves les péchés du monde, donne-nous la paix.

Agnus Dei, qui tollis peccata mundi, miserere nobis. (bis)
Agnus Dei, qui tollis peccata mundi, dona nobis pacem.

Communion

(1) Seigneur Jésus Christ, Fils du Dieu vivant, selon la volonté du Père et avec la puissance du Saint-Esprit, tu as donné, par ta mort, la vie au monde ; que ton corps et ton sang très saints me délivrent de mes péchés et de tout mal ; fais que je demeure fidèle à tes commandements et que jamais je ne sois séparé de toi.

(2) Seigneur Jésus Christ, que cette communion à ton corps et à ton sang n'entraîne pour moi ni jugement ni condamnation ; mais que, par ta bonté, elle soutienne mon esprit et mon corps et me donne la guérison.

Voici l'Agneau de Dieu, voici celui qui enlève les péchés du monde.
Heureux les invités au repas des noces de l'Agneau !
— Seigneur, je ne suis pas digne de te recevoir ;
mais dis seulement une parole, et je serai guéri.

Chant de communion *ou antienne de la communion.*

Prière après la communion *voir à la date du jour.*

RITE DE CONCLUSION

Le Seigneur soit avec vous.
— Et avec votre esprit.
Que Dieu tout-puissant vous bénisse, le Père, et le Fils, ✠ et le Saint-Esprit.
— Amen.

Puis le diacre, ou le prêtre lui-même, les mains jointes, tourné vers l'assemblée, dit :
(1) Allez, dans la paix du Christ.
(2) Allez porter l'Évangile du Seigneur.
(3) Allez en paix, glorifiez le Seigneur par votre vie.
(4) Allez en paix.
— Nous rendons grâce à Dieu.

Chants pour la célébration

Les chants en rouge sont consultables à la page indiquée. **Les chants en noir** sont référencés avec leur cote SECLI.

	Ouverture	Renvoi	Communion / Action de grâce	Renvoi
4 juin	Hymne à la Trinité sainte	p. 244	En marchant vers toi, Seigneur	D380
	Louange à Dieu Trinité	AM66-74	Que soit parfaite notre unité	D341-1
	Par la musique et par nos voix	Y43-38	Source de tout amour	p. 250
11 juin	Dieu nous accueille en sa maison	A174	Voici le corps et le sang du Seigneur	p. 251
	Qui donc a mis la table ?	B121	Venez vous abreuver	p. 249
	Disciples rassemblés pour ce repas	p. 248	En mémoire du Seigneur	D304-1
18 juin	Un grand champ à moissonner	p. 245	Grain de blé	GX510
	L'Esprit Saint qui nous est donné	K504	Approchons-nous de la table	D19-30
	Que soit béni le nom de Dieu	p. 247	Fiez-vous en lui	p. 252
25 juin	Peuple de baptisés	K106	Seigneur Jésus, tu es présent	DEV297
	Pour l'amour de cet homme	WP28-47-1	Partageons le pain du Seigneur	D39-31
	Donne, Seigneur	p. 246	Écoute la voix du Seigneur	p. 252

Suggestions pour juin 2023 proposées par Thibault Van Den Driessche, avec ChantonsenÉglise

Hymne à la Trinité sainte (Ouverture)

MY230/L230 ; T. : J.-P. Lécot ; M. : J.-P. Lécot/J. Mohr (XIXe s.) ; Éd. Lethielleux.

② **Béni sois-tu, ô Père, de qui nous vient tout bien !**
Bénie soit cette terre : c'est l'œuvre de tes mains.

③ **À toi notre louange, ô fils du Dieu vivant !**
Loué soit l'Évangile, Parole du salut !

Un grand champ à moissonner *(Ouverture)*

T90 ; T. et M. : C. Tassin ; Studio SM.

Refrain : **Un grand champ à moissonner, une vigne à vendanger**
Dieu appelle maintenant pour sa récolte !
Un grand champ à moissonner, une vigne à vendanger
Dieu appelle maintenant ses ouvriers !

1. **Vers la terre où tu semas le désir de la lumière,**
conduis-nous Seigneur !
Vers les cœurs où tu plantas l'espérance d'une aurore,
nous irons, Seigneur !

2. **Vers la terre où tu semas le désir d'un monde juste,**
conduis-nous Seigneur !
Vers les cœurs où tu plantas l'espérance d'une alliance,
nous irons, Seigneur !

3. **Vers la terre où tu semas le désir de vivre libre,**
conduis-nous Seigneur !
Vers les cœurs où tu plantas l'espérance d'une fête,
nous irons, Seigneur !

4. **Vers la terre où tu semas le désir de la rencontre,**
conduis-nous Seigneur !
Vers les cœurs où tu plantas l'espérance d'un visage,
nous irons, Seigneur !

Donne, Seigneur (Ouverture)

Y74-35 ; T. : d'après Ps 117 ; M. : L.-E. Labarthe ; Éd. de l'Emmanuel.

② Appuyons-nous sur Dieu, le Seigneur,
ne comptons pas sur
les hommes puissants
n'ayons pas peur, Dieu est pour nous,
car éternel est son amour.

③ Clameur de joie, clameur de victoire,
le Seigneur seul est
ma force et mon chant.
Son bras puissant m'a défendu,
car éternel est son amour.

④ Il est mon Dieu, en lui je vivrai.
J'annoncerai les actions du Seigneur.
Qu'il soit béni celui qui vient,
car éternel est son amour.

Que soit béni le nom de Dieu *(Ouverture)*

Y245 ; T. : B. Ducatel ; M. : B. Mélois (Chants notés, t. 6) ; Éd. de l'Emmanuel.

Refrain : **Que soit béni le nom de Dieu,
de siècles en siècles, qu'il soit béni.** *(bis)*

① À lui la sagesse et la force,
toutes ses voies sont droites,
il porte juste sentence
en toutes choses.

② À lui le secret des abîmes,
il connaît les ténèbres,
et la lumière réside auprès de lui.

③ À lui la gloire et la louange,
il répond aux prières,
il donne l'intelligence et la sagesse.

④ Rendons gloire à Dieu notre Père,
à son Fils Jésus Christ,
gloire à l'Esprit d'amour
dans tous les siècles.

Disciples rassemblés pour ce repas *(Ouverture)*

A64-53 ; T. : C. Bernard ; M. : M. Wackenheim ; ADF-Musique.

① **Disciples rassemblés pour ce repas,**
nous répondons à ton appel, Jésus, Seigneur et Maître.
Joyeux appel à te connaître,
Fils de Dieu au milieu de nous !

Refrain : **Seigneur, éveille-nous à ta lumière,**
que vibre la louange dans nos voix !
L'Esprit de vérité nous fait renaître,
qu'il donne un nouveau souffle à notre foi !

② **Heureux dans la maison des baptisés,**
nous rendons grâce de tout cœur, Jésus, tu nous libères !
Tu vas porter notre prière,
Fils de Dieu au milieu de nous !

③ **Pécheurs à qui tu parles de pardon,**
nous accueillons tes mots de vie, Jésus, le Verbe unique.
Fais-nous brûler de l'Évangile,
Fils de Dieu au milieu de nous !

④ **Unis comme des frères à ton banquet,**
nous tressaillons sous ton Esprit, Jésus, Seigneur de Pâques.
Fortifie-nous à cette table,
Fils de Dieu au milieu de nous !

Venez vous abreuver (Communion)

DEV524 ; T. : Bénédicte de la Croix/Thérèse de Lisieux ; M. : J.-B. du Jonchay ; Le Carmel.

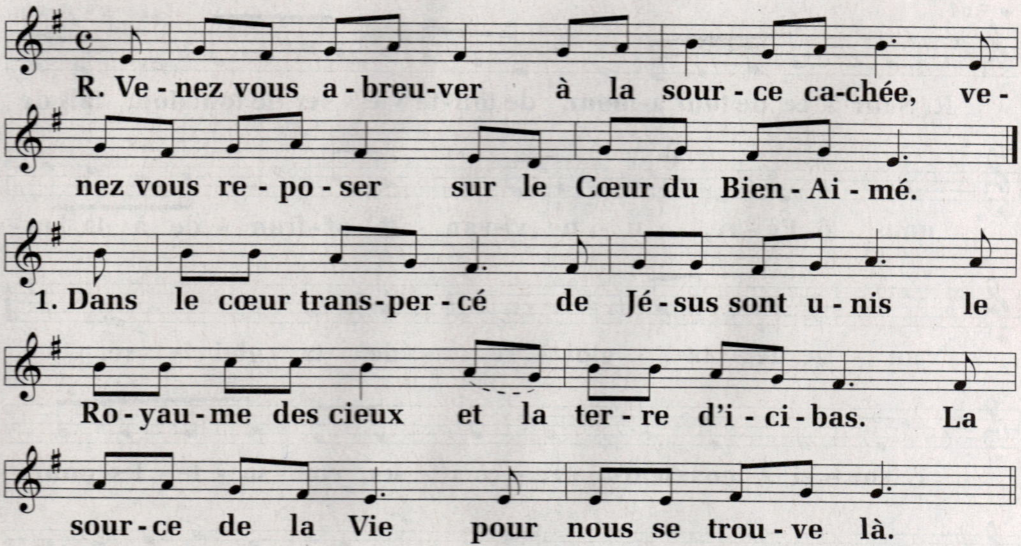

② **Il nous attire à lui par sa force secrète**
et dans le sein du Père il nous abrite en lui,
nous saisit dans le flot du Saint-Esprit de Dieu.

Source de tout amour (Action de grâce)

B76-91 ; T. : E. Gobilliard ; M. : M. Frisina ; Éd. de l'Emmanuel.

② Voici nos corps : reçois-les, affermis-les pour qu'ils te servent dans la joie.
Et pour aimer en vérité, donne-nous le corps de ton Fils.

③ Voici nos âmes : reçois-les, purifie-les pour qu'elles te chantent à jamais.
Et pour aimer en vérité, donne-nous la vie de ton Fils.

④ Voici ces dons : reçois-les, féconde-les pour qu'ils prolongent ici ton œuvre.
Et pour aimer en vérité, envoie-nous l'Esprit de vérité.

Voici le corps et le sang du Seigneur *(Communion)*

D44-80 ; T. et M. : M. Dannaud ; Éd. de l'Emmanuel.

Refrain : **Voici le corps et le sang du Seigneur, la coupe du salut et le pain de la vie.
Dieu immortel se donne en nourriture, pour que nous ayons la vie éternelle.**

① Au moment de passer vers le Père, le Seigneur prit du pain et du vin,
pour que soit accompli le mystère qui apaise à jamais notre faim.

② Dieu se livre lui-même en partage, par amour pour son peuple affamé.
Il nous comble de son héritage, afin que nous soyons rassasiés.

③ C'est la foi qui nous fait reconnaître, dans ce pain et ce vin consacrés,
la présence de Dieu notre Maître, le Seigneur Jésus ressuscité.

④ Que nos langues sans cesse proclament, la merveille que Dieu fait pour nous.
Aujourd'hui, il allume une flamme, afin que nous l'aimions jusqu'au bout.

Fiez-vous en lui (Action de grâce)

T. et M. : Communauté de Taizé ; Ateliers et Presses de Taizé.

Écoute la voix du Seigneur (Action de grâce)

X548 ; T. : D. Rimaud ; M. : J. Berthier ; Studio SM.

Refrain : **Toi qui aimes la vie, ô toi qui veux le bonheur,**
réponds en fidèle ouvrier, de sa très douce volonté.
Réponds en fidèle ouvrier, de l'Évangile et de sa paix.

1. Écoute la voix du Seigneur, prête l'oreille de ton cœur.
Qui que tu sois ton Dieu t'appelle, qui que tu sois, il est ton Père.

2. Écoute la voix du Seigneur, prête l'oreille de ton cœur.
Tu entendras que Dieu fait grâce, tu entendras l'esprit d'audace.

3. Écoute la voix du Seigneur, prête l'oreille de ton cœur.
Tu entendras crier les pauvres, tu entendras gémir ce monde.

CHANTS POUR L'ORDINAIRE

MESSE DE SAINT THOMAS

Kyrie

T. : AELF ; M. : Communauté de l'Emmanuel (A. Dumont) ; Éd. de l'Emmanuel.

Sanctus

T. : AELF ; M. : Communauté de l'Emmanuel (A. Dumont) ; Éd. de l'Emmanuel.

Anamnèse

T. : AELF ; M. : Communauté de l'Emmanuel (A. Dumont) ; Éd. de l'Emmanuel.

Agnus Dei

T. : AELF ; M. : Communauté de l'Emmanuel (A. Dumont) ; Éd. de l'Emmanuel.

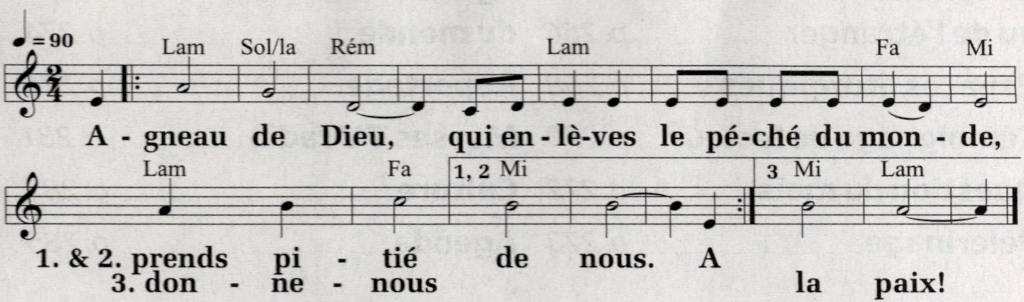

LES RENDEZ-VOUS DE JUIN 2023

SOMMAIRE

ÉDITORIAL

Hiérarchies

Avec Jacques Nieuviarts, nous apprenons qu'il existe dans la Bible une hiérarchie parfois très complexe entre les anges. Elle s'est développée au temps de l'Exil (587-538 av. J.-C.) sous l'influence babylonienne. Emmanuelle Billoteau nous rappelle que même si, actuellement, nous vénérons ensemble Pierre et Paul, les colonnes de l'Église, bien de tensions ont alimenté le génie de ces deux Apôtres. Aujourd'hui, nous saluons leur complémentarité si féconde pour le devenir de l'Église et, parfois, nous oublions qu'elle s'est élaborée au fil de débats et de dépassements. Plus proche de nous, le chemin synodal allemand réveille les voix de ceux et celles qui œuvrent à la réforme de l'Église avec les incompréhensions et les doutes que leur expression suscite, notamment dans la hiérarchie romaine. Hiérarchiser, c'est organiser et, normalement, nous cherchons tous des organisations au service de la vie. L'histoire de Rhodè, cette jeune servante tête en l'air évoquée par Anne Lécu, est un exemple. Heureusement, l'Esprit Saint, qui se moque éperdument de nos organisations, vient les faire voler en éclats de sa liberté, de sa lumière, de sa spontanéité. ■

Karem Bustica
Rédactrice en chef de Prions en Église

« L'Esprit Saint, qui se moque éperdument de nos organisations, vient les faire voler en éclats. »

LES ANGES DANS LES ÉCRITURES

Jacques Nieuviarts, prêtre assomptionniste

L'ange qui guérit, et les autres !

Raphaël, « Dieu guérit », Michel, « Qui (donc) est comme Dieu ? », et Gabriel, « Dieu est ma force », sont les trois grandes figures d'anges de la Bible.

Raphaël fut un excellent guide pour Tobie, jusqu'à Ecbatane, où il rencontra Sarra, qu'il épousa. Mais l'histoire ne s'arrête pas à leur retour, car l'ange qui les accompagne – et qui ne dit son nom qu'à la fin de l'histoire (Tb 12, 15) ! – guérit aussi Tobith, le père. Raphaël a donné le secret de la guérison à Tobie dès le premier jour de leur voyage (Tb 6, 8-9) et a délivré Sarra du démon Asmodée (Tb 8, 2-3). Il guérit de même Tobith de sa cécité avec le fiel du poisson qu'ils ont recueilli (Tb 11, 7-14). Raphaël, en hébreu : « Dieu guérit » ! Cependant, lorsqu'il révèle son nom, il ajoute : « Je suis l'un des sept anges qui se tiennent […] devant la gloire du Seigneur » (Tb 12, 15 ; cf. Ap 8, 2). Et « quand tu priais en même temps que Sarra, c'était moi qui présentais votre prière devant la gloire de Dieu » (Tb 12, 12). Au temps de l'Exil (587-538 av. J.-C.), sous l'influence babylonienne, on vit se développer une hiérarchie, parfois très complexe, entre les anges. Le titre d'archange, qui désigne un ange supérieur, n'apparaît que dans le Nouveau Testament, appliqué à l'ange qui annonce la parousie – la manifestation totale du Christ à la fin des temps (1 Th 4, 16) – et à Michel (Jude 9). L'Ancien Testament laisse pressentir dès l'Exil ce développement et cette hiérarchisation, certains anges apparaissant comme plus importants ou dotés d'une fonction déterminée. Ainsi l'ange de Yahvé, auquel les anges font rapport et qui sert d'intermédiaire entre Yahvé et son prophète (Za 1, 11-12), mais aussi Michel, Gabriel et Raphaël, que nous avons l'habitude de nommer ou de fêter ensemble. Michel, « un des grands princes » (cf. Dn 10, 13) ou le « grand prince », est protecteur d'Israël (cf. Dn 12, 1). Il est le plus grand dans la tradition juive et chrétienne. L'Apocalypse décrit son combat titanesque dans le ciel contre le Dragon et ses anges (Ap 12, 7). Son nom d'ailleurs – « qui (donc) est comme Dieu ? » – est un défi lancé à tout ce qui n'est pas Dieu. Il débusque et combat toute idole, y compris les nôtres, et tant d'autres aujourd'hui !

Le titre d'archange, qui désigne un ange supérieur, n'apparaît que dans le Nouveau Testament.

Et nous pouvons le prier. Car il est fort contre Satan. Gabriel (« Dieu est ma force ») est l'interprète des visions (Dn 8, 16 ; 9, 21), et il est, nous le savons, le messager de Dieu. Raphaël, celui qui guérit. Nous le connaissons. Nous pouvons nous confier à eux. ■

LES SECONDS RÔLES DANS LA BIBLE

Anne Lécu, dominicaine

La servante Rhodè

Il est assez rassurant de constater que la présence d'esprit peut manquer, parfois, à des personnages bibliques. C'est ainsi que les Actes des Apôtres racontent une histoire remarquable et haute en couleur.

Le chapitre 12 des Actes des Apôtres raconte pudiquement la persécution dont les premiers chrétiens sont victimes : on y apprend, dès le verset 2, que le roi Hérode Agrippa fit décapiter Jacques, le frère de Jean. Dans le même mouvement, il fit arrêter Pierre. La situation est donc vraiment catastrophique, puisque des deux têtes de l'Église du moment, il n'en reste pas. L'assemblée *(ecclesia)* des croyants prie pour Pierre « avec insistance ». Et Pierre dort. Le texte nous raconte alors une histoire qui pourrait être davantage un récit théologique qu'un compte rendu détaillé, quelque chose comme la résurrection de Pierre. Un ange vient le réveiller et lui dit, comme autrefois il avait été dit à Élie endormi au désert : « Lève-toi vite. » Pierre semble comme somnambule et s'exécute. L'ange poursuit : « Mets ta ceinture et chausse tes sandales », ce que fait Pierre. Puis : « Enveloppe-toi de ton manteau et suis-moi. » L'ange prend Pierre, incapable de la moindre initiative, en quelque sorte par la main. « Il ne savait pas que c'était bien réel », précise le texte. Une fois dehors, dans la rue, l'ange le quitte et Pierre comprend qu'il est libre. Il se repère et se rend « à la maison de Marie, la mère de Jean surnommé Marc ». Il frappe à la porte. Une jeune servante, dont nous connaissons le prénom, Rhodè (« Mademoiselle Rose »), reconnaît sa voix mais, au lieu de lui ouvrir, va raconter à tout le monde que Pierre est là. On ne la croit pas, elle explique et pendant ce temps, Pierre est toujours dehors, **…**

Première Alliance

« Élie marcha toute une journée dans le désert. Il vint s'asseoir à l'ombre d'un buisson, et demanda la mort en disant : "Maintenant, Seigneur, c'en est trop ! Reprends ma vie […]." Puis il […] s'endormit. Mais voici qu'un ange le toucha et lui dit : "Lève-toi, et mange !" » 1 Rois 19, 4-5

... à la porte. Toute ressemblance avec la difficulté à croire à la résurrection de Jésus des premiers Apôtres ne serait pas purement fortuite.

La scène fait sourire, dans un premier temps, mais pas très longtemps. En effet, Pierre demande que l'on annonce sa libération « à Jacques et aux frères », peut-être sans savoir que Jacques a été décapité. Cette demande instante, « Annoncez-le », fait néanmoins penser à la prière de Jésus à Marie Madeleine : « Va dire à mes frères » (cf. Jn 20, 17). Mais nous avons la trace de cette servante tellement heureuse qu'elle en oublie d'ouvrir au fugitif. Son nom de rose vient mettre un peu de fraîcheur dans un récit tragique. Par son attitude étourdie, elle vient nous rappeler qu'il y a dans nos existences des traces de résurrection bouleversantes au cœur même des plus grands drames. Ouvrons les yeux pour les découvrir. ■

Nouvelle Alliance

« Rhodè reconnut la voix de Pierre et, dans sa joie,
au lieu d'ouvrir la porte, elle rentra en courant annoncer
que Pierre était là, devant le portail. On lui dit :
"Tu délires !" Mais elle soutenait qu'il en était bien ainsi.
Et eux disaient : "C'est son ange." » Actes 12, 14-15

TRÉSORS DE LA LITURGIE

Emmanuelle Billoteau, ermite

Confronter nos sources

En ce mois de juin, nous célébrons les saints Pierre et Paul. Cette solennité nous confronte aux tout débuts de l'Église, quand celle-ci se trouvait acculée, sous l'action de l'Esprit, à prendre des chemins inédits, à déployer sa créativité dans le respect des différentes communautés et de leur enracinement propre.

Si Pierre et Paul ont des points communs, ils ont maintes différences qui ont alimenté de sérieuses tensions dans l'unique Église du Christ. Les pièces liturgiques de la solennité conjuguent les deux aspects tout en « lissant » ce qui a pu être facteur de conflits, lesquels d'ailleurs ont pu être dépassés. L'antienne d'ouverture insiste sur leur martyre qui sera également mentionné dans la préface de la prière eucharistique : ils « ont enraciné l'Église au prix de leur sang. Ils ont bu à la coupe du Seigneur et sont devenus les amis de Dieu ». C'est par eux, nous rappelle la prière d'ouverture, que l'Église a « reçu […] la première annonce de la foi ». Dans l'un de ses sermons pour cette fête, saint Bernard (XIe-XIIe s.)…

…dégage un autre trait commun : le fait que tous les deux ont bénéficié de la miséricorde de Dieu. Pierre a renié le Christ au moment de la Passion (Mc 14, 66-72) ; Paul a confessé qu'il avait été « blasphémateur, persécuteur, violent » ; mais qu'il lui « a été fait miséricorde » (1 Tm 1, 13). Ce qui fait dire à Bernard : « "Ce sont des hommes de miséricorde, dont les bienfaits ne tombent pas dans l'oubli ; les biens qu'ils ont laissés à leur postérité subsistent toujours" (cf. Si 44, 10-11). Oui, on peut bien les appeler des hommes de miséricorde : parce qu'ils ont obtenu miséricorde pour eux-mêmes, parce qu'ils sont pleins de miséricorde, et que c'est dans sa miséricorde que Dieu nous les a donnés. Voyez, en effet, quelle miséricorde ils ont obtenue. » Nous pouvons encore signaler leur commun enracinement dans la foi d'Israël, sachant que le judaïsme palestinien de Pierre n'est pas le judaïsme de la diaspora de Paul.

La préface de la prière eucharistique fait ressortir les spécificités et les complémentarités de chacun des deux apôtres. « Vraiment, il est juste et bon, pour ta gloire et notre salut, de t'offrir notre action de grâce […]. Car tu nous donnes la joie de célébrer en ce jour les bienheureux apôtres Pierre et Paul : celui qui fut le premier à confesser la foi, et celui qui l'a mise en lumière ; Pierre qui constitua l'Église naissante parmi les pauvres d'Israël, et Paul, maître et docteur des nations appelées au salut ; l'un et l'autre ont travaillé, par des voies différentes, à rassembler l'unique famille du Christ… » Cela étant, cette complémentarité s'est élaborée au fil de débats, de tensions, de dépassements. C'est ce que nous disent des textes non retenus par la liturgie, mais qu'il vaut la peine d'explorer tant ils nous parlent de craintes et de résistances à surmonter pour une ouverture plus conforme au dessein de Dieu. En ce sens, nous pouvons reprendre le livre des Actes témoignant de l'élargissement de la communauté croyante à des non-juifs : devaient-ils se soumettre à la circoncision et aux observances alimentaires du judaïsme (cf. Ac 15) ? Jésus n'avait pas laissé d'orientations sur ces questions pratiques. L'épître aux Galates mérite également d'être relue. Elle fait état d'un conflit entre Pierre/Céphas et Paul au sujet de la communauté de table entre chrétiens issus du judaïsme et chrétiens issus du paganisme – l'enjeu sous-jacent portant sur le salut et la justification (cf. Ga 2, 11-14). Ici, Pierre apparaît noué par des peurs face à des coreligionnaires de l'entourage de Jacques, réticents aux nouveautés. Ce que lui reproche Paul appelé à transmettre la Bonne Nouvelle en terre païenne.

Les pièces liturgiques de la solennité conjuguent les points communs et les différences entre Pierre et Paul.

Si ces questions nous semblent très lointaines, elles nous invitent à réfléchir sur la transmission de la foi dans un monde qui change dans ses présupposés culturels, anthropologiques… Autant dire que cette fête des apôtres Pierre et Paul nous incite à une fidélité créatrice, dans l'écoute de ce que « l'Esprit dit aux Églises » (Ap 2, 7).

LE SYNODE VU DE L'ÉTRANGER

Des témoins du synode sur la synodalité – qui poursuit son chemin dans sa phase continentale – nous racontent ce qui se vit dans leur pays.

Un synode sous tension

DR

Le professeur Martin Stuflesser, prêtre en Bavière (Allemagne) et professeur de liturgie à l'université Julius-Maximilians de Würzburg, explique pourquoi la démarche diocésaine vers le synode sur la synodalité a suscité tant de polémiques à la suite de la visite *ad limina* des évêques allemands en novembre 2022.

ALLEMAGNE « La phase diocésaine de consultations des fidèles pour préparer le synode sur la synodalité n'a pas été un exercice facile ! C'est le *Synodaler Weg* (chemin synodal), initié par les évêques allemands en 2019, pour répondre à la crise des abus sexuels qui en est la principale cause. Celui-ci a influencé et même biaisé l'ensemble des débats et la compréhension de ce que Rome attendait. Les fidèles des paroisses allemandes qui s'intéressent encore à la question de l'avenir de l'Église se sont appuyés d'abord sur le *Synodaler Weg,* et toutes les batailles et les querelles qui l'entourent se sont cristallisées dans les réflexions. Les propositions sur l'ordination des femmes et des hommes mariés, la reconnaissance de l'homosexualité parmi les prêtres, le partage du pouvoir, etc., toutes ces idées, parfois révolutionnaires, mais peut-être hors sujet selon ce que visait l'organisation romaine, ont été très mal reçues au Vatican. Lorsque nos évêques se sont rendus à Rome en novembre 2022, les médias allemands se sont focalisés sur la question de savoir si « Rome » (c'est-à-dire le pape François) rappellerait à l'ordre les évêques et les forcerait à stopper l'expérience de la synodalité à l'allemande. C'est le courage du président de la conférence épiscopale allemande, Mgr Georg Bätzing, évêque du Limbourg, qui, par sa diplomatie et sa détermination pour une pacification des esprits, a pu contenir la crise et même empêcher une possible rupture ! Dans ce contexte de tension, le synode mondial s'est imposé comme la régulation de nos tentatives d'évolutions et réflexions locales. Mais, le « coup de crosse » romain est très mal accepté. Désormais, ce sont des centaines de personnes qui quittent nos paroisses. Elles ont perdu l'espoir que l'Église puisse devenir une « *ecclesia semper reformanda* » [*N.D.L.R. Cette locution latine peut être traduite par :* « *L'Église doit se réformer perpétuellement* » *ou* « *L'Église est un sujet perpétuellement en train de se réformer.* »] Beaucoup de fidèles ne croient plus en la sincérité des responsables de l'Église. Ils n'ont pas confiance dans leurs tentatives de repentir pour les abus ou en une volonté de réformer l'Église. Les croyants, certains prêtres et même des évêques ont donc aujourd'hui beaucoup de doutes sur une quelconque efficacité concrète du synode annoncé. Serait-il mort dans l'œuf ? L'avenir nous le dira. » ■

Propos recueillis en février 2023 par
Sébastien Antoni

Vencelas Deblock, prêtre du diocèse de Cambrai, historien de l'art

L'autel, signe du Christ

Table consacrée sur laquelle le prêtre célèbre l'eucharistie, comme mémorial de la dernière Cène du Christ et renouvellement du sacrifice de la Croix, l'autel est signe de la présence de Jésus Christ au cœur de l'assemblée.

Si l'autel est consacré solennellement, vénéré, encensé, c'est parce qu'il est signe du Christ « pierre vivante ». Dans les temples païens comme dans celui de Jérusalem, l'autel était la table du sacrifice, faite de pierre et sur laquelle les victimes étaient immolées et brûlées. Pour les chrétiens, le sacrifice dont il est question est celui de Jésus Christ. Dans une église, l'autel rappelle à la fois l'institution de l'eucharistie, le Jeudi saint, et la Passion du Christ, le Vendredi saint.

Le *Missel romain* énonce les deux caractéristiques fondamentales de l'autel : il est unique et central. L'aménagement doit conduire le regard vers l'autel de célébration et sa position centrale, permettre à la liturgie de se déployer. Depuis la fin du Moyen Âge, l'autel, plaqué contre un mur et surmonté d'un retable, tendait à être visuellement noyé. Le mouvement liturgique du XXe siècle et le concile Vatican II l'ont replacé dans le chœur des églises, permettant de déployer toute cette symbolique.

Église Saint-Denys-Sainte-Foy, Coulommiers (77).

Les normes liturgiques sont mises au service de cette riche signification : la noblesse et la solidité du matériau, idéalement la pierre, rappellent que le Christ est le roc sur lequel l'Église se construit. L'autel est marqué de cinq croix correspondant aux cinq plaies du Christ. Il est uniquement surmonté d'une croix et de cierges qui manifestent que le Seigneur est lumière des nations. La nappe évoque, bien sûr, un repas, mais symbolise aussi le linceul dans lequel Jésus fut enveloppé et dont il jaillit ressuscité à Pâques. Les reliques contenues dans l'autel rappellent l'usage paléochrétien de la messe sur les tombeaux des martyrs. Mais, surtout, elles expriment la vie du Christ, continuée dans celle de ses fidèles, aujourd'hui et jusqu'à son retour.

Car, lorsque le peuple de Dieu est rassemblé autour de l'autel pour la célébration eucharistique, c'est le repas des noces à la fin des temps qu'il anticipe. C'est ainsi tout le mystère du Seigneur Jésus qui est rappelé, comme l'exprime saint Cyrille de Jérusalem au IVe siècle : « L'autel, c'est le Christ ! » ■

TÉMOIGNAGE DE LECTEUR

Propos recueillis par **Frédéric Pascal**, journaliste

« La chair de ma vie religieuse »

Maria Park, 45 ans, est oblate de l'Assomption à L'Haÿ-les-Roses (94). En 2017, la religieuse coréenne a démarré une nouvelle vie en France, dans laquelle *Prions en Église* l'a aidée.

« L'Esprit Saint est passé dans ma vie un jour de 2015, lors de ma rencontre avec une sœur oblate de l'Assomption. Je faisais une retraite dans la montagne, chez moi, en Corée du Sud, pour discerner ma vocation religieuse. Un an plus tard, en 2016, j'entrais comme aspirante chez les oblates puis, en 2017, je devenais postulante et étais envoyée en France pour ma formation. Je ne parlais pas français. Tout était nouveau pour moi. *Prions en Église* m'a aidée non seulement dans la vie spirituelle, mais aussi dans la vie pratique pour apprendre le français ! Depuis six ans, il m'accompagne partout : à l'oratoire, dans ma chambre, à la bibliothèque… Pour répondre à la messe, pour apprendre les paroles et les chants, j'utilise *Prions en Église*. Dans les études de théologie que je poursuis à l'Institut catholique de Paris, la partie magazine est un appui, par exemple les explications de changement des

© Sandrine Martin

paroles du missel ou la rubrique sur le synode sur la synodalité. Ces textes actualisent ma foi.

Et, surtout, les commentaires de chaque jour me font entrer dans la vie spirituelle. Au début, je ne les comprenais pas, c'est venu petit à petit. Maintenant que je les comprends, je les aime beaucoup, même si je les trouve courts ! Au fur et à mesure, les mots des commentaires deviennent la « chair » de ma vie religieuse, comme dans la phrase : "Le Verbe s'est fait chair." Après les complies, je monte avec *Prions en Église*. Je surligne les paroles qui me touchent. Et, le matin, je redescends avec. C'est une habitude très pratique pour moi. À la bibliothèque, quand je travaille, que je suis fatiguée, que j'ai la tête lourde, j'ouvre les pages de mon magazine et je relis plusieurs fois, lentement, ce que j'ai souligné. Je reprends de la fraîcheur. Cette habitude me donne la paix intérieure et le repos. » ■

QUESTION DU MOIS

Pourquoi prier pour les prêtres ?

Les chrétiens, membres du corps dont le Christ est la tête (cf. 1 Co 12), sont avant tout des baptisés égaux en dignité, chacun d'eux prenant part à la mission de toute l'Église selon sa propre vocation. Laïcs, consacrés, religieux, ministres ordonnés sont tous frères et sœurs en Jésus Christ seul Sauveur. Une fraternité qui suppose le soutien et la prière mutuels (cf. Jc 5, 16) pour la vie communautaire et la charité envers tous les hommes.

Sans remettre en cause cette égalité des baptisés, saint Jean-Paul II a invité l'Église à célébrer dans chaque diocèse une « Journée pour la sanctification des prêtres, à l'occasion de la fête du Sacré-Cœur […], souhaitant que cette Journée aide les prêtres à vivre dans une conformité toujours plus grande au cœur du Bon Pasteur » *(Lettre aux prêtres,* Jeudi saint 1995). À sa suite, François nous appelle chaque année à prier pour les prêtres « pour que le Seigneur les fortifie dans leur vocation, les conforte dans leur ministère, et pour qu'ils soient toujours les ministres de la joie de l'Évangile pour tous les peuples. » (Tweet du 19 juin 2020).

Les fidèles doivent, en effet, avoir conscience de la lourde mission des prêtres et des évêques, en tout ce qu'elle comporte au quotidien, et souvent vécue dans la solitude : sachons leur témoigner amitié et réconfort. ■

Michèle Clavier,
théologienne

ROME EN FAMILLE

Un pèlerinage pour petits et grands !

Depuis dix ans, plus de 700 grands-parents et leurs petits-enfants (de 7 à 14 ans) ont participé à notre pèlerinage familial à Rome, entièrement pensé pour eux. Cette année encore, au cœur des vacances de la Toussaint, venez découvrir la Ville éternelle en famille. Au programme : la visite des vestiges antiques, des grands lieux de la foi et l'audience du mercredi avec le pape François. À bientôt ! ■

Sébastien Antoni *prêtre assomptionniste*

Place Saint-Pierre, Vatican

© AdobeStock

PRATIQUE **Du 22 au 26 octobre.** Une sélection **"Prions en Église"** organisée par Terralto.
Renseignements et inscriptions : 01 30 97 05 10 ou www.terralto.com

Claire Lesegretain, volontaire de la DCC et enseignante à Madagascar

« La joie d'être reconnue dans ma fécondité »

« En arrivant au séminaire interdiocésain de philosophie de Moramanga, à Madagascar, pour y enseigner le français, je ne pensais pas que je m'y sentirais à ce point à ma place. Certes, au début, j'ai été surprise par le faible niveau de la plupart des 65 séminaristes, majoritairement issus de la brousse. Certains en première année avaient du mal à comprendre un *J'aime lire* et faisaient plus de 30 fautes par dictée. Mais j'ai été émue par leur humilité souriante et leur désir de progresser. Fin juin, après avoir patiemment corrigé leurs mémoires de 510 pages, sur des sujets aussi complexes que "La primauté d'autrui chez Levinas", ou "La réalisation de soi selon Hegel", ou encore "L'existence authentique selon Heidegger", les "troisième année" ont fait mon admiration pendant leur soutenance devant un jury exigeant. Fiers d'avoir réussi cette étape cruciale de leur formation sacerdotale, ils m'ont manifesté leur reconnaissance en me comparant à leur mère. Ne les avais-je pas aidés à croire en eux, à s'accrocher ? Leur manière de me confirmer publiquement dans ma fécondité a été, pour moi qui n'ai pas d'enfants, une vraie joie spirituelle. » ■

DR

Claire Lesegretain avec la promotion des « troisième année » du séminaire de Moramanga (Madagascar), après leur soutenance de mémoire, fin juin 2022.

REPORTAGE

Sébastien Antoni, journaliste

Les mélodies du millénaire

2023 marque le millénaire des débuts de la reconstruction de l'abbatiale du Mont-Saint-Michel. Un anniversaire célébré en musique.

La nuit tombe, enveloppant de silence l'abbaye de La Lucerne-d'Outremer, dans la Manche. Seule une douce mélodie grégorienne s'échappe de l'abbatiale. Soudain, le chant s'arrête : « On reprend à partir de *Ostende nobis Domine !* » lance Rogatien Despaigne. Le jeune musicien partage son pupitre de chef de chœur avec Anne Guyard. Ces jeunes membres du Chœur grégorien de Paris enregistrent les œuvres du Missel 42 avec une dizaine de choristes. « Ce sont des chants extraits des manuscrits du Mont-Saint-Michel, qui datent de 1235 », explique l'abbé Guillaume Antoine, recteur du Centre spirituel et culturel de l'abbaye, à l'origine de l'enregistrement. Baptiste Étienne, responsable de la bibliothèque patrimoniale d'Avranches, précise : « L'original de ce manuscrit a été coté 42, d'où son nom de Missel 42, et est conservé au Scriptorial d'Avranches. Il est richement orné par les couleurs rose, bleu et or, très classiques du XIIIe siècle. » Parmi les choristes, Jordan, un grand gaillard d'une vingtaine d'années,

Missel 42, Scriptorial d'Avranches (50).

D.R. / Scriptorial d'Avranches

témoigne : « C'est très émouvant de redonner son et souffle à ces partitions muettes depuis tant d'années. Ces parchemins contiennent notamment une messe en l'honneur de saint Michel, avec des mélodies qui n'étaient chantées qu'au Mont ! » « J'en ai rêvé, de cet album ! » se réjouit l'abbé Guillaume. « Il s'intitule *Les voix du Mont-Saint-Michel* (Bayard-Musique) et sort en juin, au cœur du jubilé de la Merveille. »

En effet, le millénaire des débuts de la reconstruction de l'abbaye du Mont-Saint-Michel se célébrera en musique. À une trentaine de kilomètres de l'abbaye de la Lucerne, sœur Claire-Annaël et frère Théophane, les deux prieurs des Fraternités Monastiques de Jérusalem, héritières de la présence monastique sur le rocher, sont étroitement associés aux festivités. « Par notre prière communautaire, les chants des offices et de la messe, nous accueillons pèlerins et visiteurs en quête de Dieu », explique la religieuse. « Nous les attendons nombreux le 10 septembre pour la fête de saint Aubert, le ...

… fondateur de l'abbaye; les 29 et 30 septembre et le 1er octobre pour un triduum en l'honneur de saint Michel et, enfin, le 16 octobre, fête de la dédicace du Mont-Saint-Michel et période de la sixième édition du festival Via Aeterna, pour la clôture du jubilé », renchérit le moine. Effectivement, du 30 septembre au 15 octobre, la programmation du festival de musiques classiques et sacrées du Mont-Saint-Michel et de sa baie sera le point d'orgue des festivités. Sous la direction artistique de René Martin (La Folle Journée), une trentaine de concerts rassembleront un panel d'artistes de grand talent dans une dizaine de lieux autour du Mont-Saint-Michel. La programmation définitive sera disponible au mois de juillet. Qu'on se le dise, du Missel 42 aux chants contemporains, le Millénaire laisse la part belle à la liturgie et à la musique… des anges. ■

Exposition « La demeure de l'archange »

Jusqu'en novembre 2023, le Centre des monuments nationaux et l'Établissement public national du Mont-Saint-Michel organisent une exposition intitulée « La demeure de l'archange ». Cinq pôles thématiques aident visiteurs et pèlerins à découvrir l'histoire des lieux : les techniques architecturales ; l'époque classique ; l'histoire de saint Aubert et le reliquaire du chef du saint fondateur ; les chantiers de restauration ; saint Michel et le trésor, avec notamment la présence d'une statue monumentale de l'archange en argent.

Offrez ou offrez-vous le hors-série **Panorama**

VIVRE LA GRATITUDE

AVEC LA SAGESSE CHRÉTIENNE

UN TRÈS BEAU HORS-SÉRIE DE DÉVELOPPEMENT PERSONNEL QUI VOUS APPORTERA DES CLÉS DE BONHEUR ISSUES DE LA SAGESSE CHRÉTIENNE.

Vous trouverez dans ce magazine **un grand entretien avec Marie-Laure Choplin** ; **un entretien fictif avec Hildegarde de Bingen** et **une série de portraits de chrétiens** ayant vécu la gratitude durant les 2000 ans d'histoire de l'Église. **Un parcours pour vivre la gratitude en 30 jours** vous est également proposé : 30 exercices ludiques à réaliser, assortis de citations inspirantes.

100 pages • Format 21 x 29,6 cm. Si vous vous êtes abonné ou réabonné à *Panorama* depuis juillet dernier, vous recevrez ce hors-série.

BON DE COMMANDE

Renvoyez ce bulletin accompagné de votre règlement à l'adresse suivante :
Bayard - TSA 70014 - 93539 Aubervilliers CEDEX.

Oui, je commande le hors-série ***Vivre la gratitude***	Réf.	Qté.	Prix unitaire	Prix total
	FKH0585		**8,95 €**	€
• Ma commande ne comporte qu'**un exemplaire**, la livraison est à **2,95 €** • Ma commande comporte **plusieurs exemplaires**, la livraison est à **5,90 €** • **Dès 49 €** d'achat, la livraison est à **1,00 €**				€
			TOTAL À RÉGLER	**€**

COORDONNÉES ☐ Madame ☐ Monsieur Merci d'écrire en lettres CAPITALES B172671

Prénom Nom

Complément d'adresse (résid./Esc./Bât.)

Nº et voie (rue/Av./Bd...)

Code postal Ville Né(e) le J J M M A A A A

Téléphone E-mail

Pour recevoir, conformément à la loi, la confirmation de votre abonnement et correspondre avec vous par courriel

Je règle par ☐ Chèque à l'ordre de Bayard ☐ Carte bancaire nº

3 derniers chiffres au dos de votre carte Date et signature

Date d'expiration J J M M A A A A

En vente également | **En librairie** | Par téléphone au **01 74 31 15 09** Appel non surtaxé basé en France

Sur **https://librairie-bayard.com/gratitude** Frais de port à 2,95 €

Offre valable en France métropolitaine dans la limite des stocks disponibles jusqu'au 31/12/2023. Vous disposez d'un délai de 14 jours à compter de la réception de vos produits pour exercer votre droit de rétractation auprès de Bayard Presse. Visuels non contractuels. Ces informations sont destinées au groupe Bayard, auquel Bayard Presse appartient. Elles sont enregistrées dans notre fichier à des fins de traitement de votre commande. Conformément à la loi « Informatique et libertés » du 06/01/1978 modifiée et au RGPD du 27/04/2016, elles peuvent donner lieu à l'exercice du droit d'accès, de rectification, d'effacement, d'opposition, à la portabilité des données et à la limitation des traitements ainsi qu'à connaître le sort des données après la mort à l'adresse suivante : Bayard (CNIL), TSA 10065, 59714 Lille CEDEX 9. Pour plus d'informations, nous vous renvoyons aux dispositions de notre Politique de confidentialité sur le site groupebayard.com. Vos données postales sont susceptibles d'être transmises à nos partenaires commerciaux ; si vous ne le souhaitez pas, cochez cette case ☐. Nous vous informons de l'existence de la liste d'opposition au démarchage téléphonique « Bloctel », sur laquelle vous pouvez vous inscrire ici : https://conso.bloctel.fr

Informations communiquées sous réserve de modifications. Renseignez-vous avant de vous rendre aux endroits indiqués.

LE JOUR DU SEIGNEUR – FRANCE 2 (11 heures)

4/6 Basilique Notre-Dame-de Bon-Secours, Saint-Avold (57).
Prédicateur : P. Édouard Roblot.

11/6 Presqu'île Rollet – Rouen (76).
Prédicateur : Mgr Dominique Lebrun, archevêque de Rouen.

18/6 *Informations non communiquées.*

25/6 Groupe scolaire Champagnat, Saint-Symphorien-sur-Coise (69).
Prédicateur : P. Frédéric Ozanne, Mission de France.

FRANCE CULTURE (10 heures)

4/6 Sanctuaire de Sainte-Anne, Sainte-Anne d'Auray (56).
Prédicateur : P. Gwenaël Maurey.

11/6 Chapelle Notre-Dame de la Médaille miraculeuse, Paris (VIIe).
Prédicateur : Fr. Régis Morelon, dominicain.

18/6 Chapelle Notre-Dame de la Médaille miraculeuse, Paris (VIIe).
Prédicateur : Fr. Jean-Christophe de Nadaï, dominicain.

25/6 Chapelle Notre-Dame de la Médaille miraculeuse, Paris (VIIe).
Prédicateur : P. Jean-Baptiste Edart.

LIVRES

LA SÉLECTION DE PANORAMA

L'oraison, chemin de communion

Jean-Marc Bot, Salvator, 164 p.

Le père Jean-Marc Bot, fervent pratiquant de l'oraison quotidienne, propose dix étapes pour apprivoiser ce « cœur-à-cœur silencieux » avec Dieu. Il égrène des conseils basés sur les enseignements du père Henri Caffarel, fondateur des Équipes Notre-Dame. L'ouvrage est jalonné de témoignages unanimes sur les grâces obtenues par « cette respiration de l'âme ». ■

Guillemette de Préval

Seuls les malades guérissent

Luigi Maria Epicoco, Salvator, 116 p.

L'auteur commente des textes bibliques qui exposent des expériences douloureuses (maladies, deuils, etc.) traversées par les protagonistes des Écritures. Malgré la gravité des situations, le ton enjoué du livre stimule le lecteur qui pourra y trouver des conseils, à l'exemple des personnages bibliques, pour traverser ses propres épreuves et tourments, tout en accueillant sa fragilité.

La vie de Jésus
Commentée par le pape François

Andrea Tornielli, Cerf, 428 p.

C'est l'un des événements littéraires de l'année ! Dans cet ouvrage commenté par le pape François, la vie de Jésus est racontée comme un roman. De Bethléem aux premiers pas de l'Église après la Résurrection, le lecteur est invité à suivre, pas à pas, l'homme Jésus. Un livre palpitant qui permettra une belle entrée en matière pour découvrir, ensuite, les « vrais » évangiles ! ■

Sébastien Antoni

Châsse de saint Thomas Becket (XIIIe siècle), musée du Louvre, Paris.

EXPOSITION

Normands. Migrants, conquérants, innovateurs

Plus de 250 œuvres, réparties dans deux musées rouennais, témoignent des liens tissés entre la Normandie et le reste du monde à l'époque médiévale du IXe au XIIe siècle. De l'Angleterre au pourtour méditerranéen, la grande épopée des Normands (« hommes du Nord », population scandinave venue accoster sur la façade atlantique) est retracée dans cette exposition à la fois anthropologique, archéologique et historique, à travers des œuvres remarquables, telles la Bible enluminée de Lambeth, la châsse de saint Thomas Becket, la crosse d'abbé de la cathédrale de Lisieux… ■

Hélène Roquejoffre, *Le Monde de La Bible*

Jusqu'au 13 août 2023 – Musée des Beaux-Arts, esplanade Marcel-Duchamp et au musée des Antiquités, 198 rue Beauvoisine 76000 Rouen – www.musees-rouen-normandie.fr

NOS ACTUS

Prions en Église Junior

La newsletter *Prions en Église Junior* (inscription sur prionseneglise.fr) est gratuite ! Chaque lundi, vous recevrez une proposition pour prier avec les enfants autour de l'évangile : pistes de réflexion, prière, chant et coloriage pour les plus petits. Et dans la revue, retrouvez l'intégralité des lectures du dimanche, des jeux, reportages et BD pour découvrir la Parole. ■

Amandine Boivin

Disponible en librairie, par téléphone au 01 74 31 15 01 ou sur librairie-bayard.com

CD

Voyage au cœur du Moyen Âge

Guillaume de Machaut, rondeaux, ballades, motets et virelais

Obsidienne, Bayard Musique

Pour ses 30 ans, l'ensemble Obsidienne honore Guillaume de Machaut, grand poète et- compositeur du XIVe siècle. Avec de courtes pièces profanes, on trouve un extrait de sa *Messe Notre Dame*, première messe polyphonique écrite par un compositeur.

Chemin d'écriture

Intégrale Yves Duteil

Bayard Musique

Yves Duteil fête un anniversaire : dans un coffret de seize CD, ce poète musicien, amoureux de la langue française, retrace cinquante ans d'écriture. À côté de ses albums studio, différents enregistrements inédits (duos, live, etc.) ainsi qu'un livret riche de photos et d'anecdotes. ■

Dominique Pierre, rédacteur en chef de *Chantons en Église*

NUMÉRIQUE

Balade en forêt biblique, saison 2

L'application *Prions en Église* propose bien sûr les textes de la liturgie et les prières de l'Église, mais elle offre surtout des parcours de prière inédits. C'est ce qui la rend unique et originale ! En ce mois de juin, découvrez la saison 2 de Balade en forêt biblique. Après les 7 arbres de la saison 1, voici 7 nouvelles essences pour que votre prière produise de nouveaux fruits savoureux. ■

Sébastien Antoni

Disponible sur Appstore et Google play

Informations communiquées sous réserve de modifications.

PÈLERINAGE NATIONAL J-70! 150 ANS

SOLIDARITÉ

La Nuit du handicap

Organisée par plusieurs associations, dont l'Office chrétien des personnes handicapées (OCH), La Nuit du handicap réunit personnes handicapées et valides, à travers la France, pour une grande soirée festive, le samedi 10. ■ nuitduhandicap.fr

Grand Nord-Ouest

RENNES (35)

LUNDI 12

Veillée de prière

Prière œcuménique en lien avec la communauté de Taizé. L'occasion de prendre un temps de pause, de se laisser porter par la prière simple, les chants méditatifs, la lecture de la parole de Dieu. À l'église du Thabor, à 20 h 30.
taize.rennes@gmail.com
www.facebook.com/taize.rennes

LISIEUX (14)

DU VENDREDI 23 AU DIMANCHE 25

Week-end spirituel

« Découvrir sainte Thérèse », par les chapelains du sanctuaire de Lisieux.
02 31 48 55 10
reservation@therese-de-lisieux.com
www.therese-de-lisieux.catholique.fr

TOURS (37)

DU LUNDI 26 AU MERCREDI 28

Université d'été

Le diocèse de Tours organise son université d'été sur le thème « Tous responsables devant la fin de vie ». Session de trois jours de conférences : « Vie biologique et vie spirituelle dans la Bible » ; « La fin de vie médicalisée » ; « L'accompagnement et responsabilités devant la fin de vie »… à la salle Marie de l'Incarnation.
02 47 05 96 96
universite-ete@catholique37.fr
diocesedetours.catholique.fr •••

… Grand Nord-Est

NANCY (54)

DIMANCHE 18

Prière

3e assemblée de prière diocésaine pour les personnes malades à la cathédrale de Nancy, à 15 heures.

03 83 17 26 26 – catholique-nancy.fr

MOUZON (08)

SAMEDI 24

Concert

Lancement officiel des JMJ dans le diocèse de Reims et des Ardennes avec un concert du groupe de pop louange Be Witness à l'abbatiale Notre-Dame de Mouzon, à 20 h 30.

infos.jmj5108@gmail.com
catholique-reims.fr
www.bewitness.fr

Grand Sud-Ouest

LOURDES (65)

MERCREDIS 7, 14 ET 21

Pèlerinage pour les enfants

Trois mercredis du mois de juin, la pastorale des jeunes du sanctuaire propose une journée de pèlerinage pour les groupes d'enfants, leurs accompagnateurs ainsi que pour les familles.

resa.lourdes-france.org
sjeunes@lourdes-france.com

TOULOUSE (31)

VENDREDI 16

Célébration

Cérémonie pour la pose de la première pierre de l'église Saint-Sauveur dans le quartier toulousain de Borderouge en présence de Mgr Guy de Kerimel, archevêque de Toulouse. À 17 heures.

toulouse.catholique.fr

Grand Sud-Est

SIMIANE-COLLONGUE (13)

SAMEDI 3 ET DIMANCHE 4

Retraite

« Edith Stein », avec sœur Brigitte, moniale de l'abbaye Sainte-Lioba.
« Il ouvre les écluses de la miséricorde du Père à tous ceux qui ont le courage d'embrasser la Croix et celui qui y est attaché. » (Edith Stein, *La science de la Croix*).

04 42 22 60 60
benedictins@lioba.com
www.lioba.com

GORDES (84)

DU VENDREDI 23 AU DIMANCHE 25

Session

Week-end d'initiation à la lectio divina à l'abbaye de Notre-Dame de Sénanque avec la communauté des frères cisterciens.

04 90 72 02 05
frere.hotelier@ndsenanque.org
www.senanque.fr

Île-de-France

PARIS (XVIIIE)

DU VENDREDI 16 AU LUNDI 19

Retraite

« Fêter le Sacré-Cœur », retraite pendant un ou plusieurs jours à la basilique. Dimanche 18 juin : messe solennelle du Sacré-Cœur •••

ZOOM

Bénédiction des motards à Montligeon

Le dimanche 25 juin, au sanctuaire Notre-Dame de Montligeon (61), plusieurs centaines de motards reçoivent une bénédiction spéciale. Plus que cela, « les motards participent à un pèlerinage à leur insu », sourit don Paul Denizot, recteur du sanctuaire. Depuis que l'initiative a été lancée par le club Carrouges moto en 2018, soutenue par le sanctuaire, le recteur note qu'ils sont de plus en plus nombreux à participer à la messe en mémoire des motards défunts. Pour lui, « c'est une occasion de rejoindre cette piété, cette dévotion populaire. Les motards ont besoin de se rencontrer, de prier, de chercher une protection. Dans un monde atomisé, des personnes souhaitant faire communauté dans l'Église nous montrent qu'elle reste un lieu de rencontre. Ils sont impressionnants, mais certains regards montrent une confiance, une amitié. Les entendre parler à un prêtre de leur souffrance d'avoir perdu un proche est saisissant. » À l'issue de la messe de 11 heures, don Paul bénit les motos devant la basilique. Ils partagent ensuite un pique-nique avant de profiter, à moto, des paysages du Perche. ■

Jean-Baptiste Deau

AGENDA

… à 11 heures, présidée par Mgr Celestino Migliore, nonce apostolique.
01 53 41 89 00
basilique@sacre-coeur-montmartre.fr
www.sacre-coeur-montmartre.com

PARIS (VIE)

SAMEDI 24

Sacrement

Ordinations presbytérales, à l'église Saint-Sulpice, à 15 heures.

SAINT-DENIS (93)

SAMEDI 24

Visites et ateliers

« Suivez la flèche », visite de la basilique Saint-Denis avec deux temps forts : une visite conférence de ce monument incontournable et un atelier d'initiation à la sculpture sur pierre.
01 49 21 14 88
reservations.basilique@monuments-nationaux.fr
www.saint-denis-basilique.fr

FRANCE

DU VENDREDI 23 AU LUNDI 3 JUILLET

La Nuit des églises

À l'occasion de cet événement culturel et cultuel, des centaines d'églises en France ouvrent leurs portes à des visites, expositions, concerts, conférences…
www.narthex.fr/nuit-des-eglises

DIMANCHE 25

La Nuit des veilleurs

L'Action des chrétiens pour l'abolition de la torture (Acat) propose, partout en France mais aussi à l'étranger, des nuits de prière, veillées de feu, célébrations, pour soutenir par la prière les victimes de la torture. Le thème retenu cette année est : « Prier au cœur de l'action. »
www.nuitdesveilleurs.fr

MONDE

SAMEDI 3

60 ans de la mort de Jean XXIII.

ENVOYEZ VOS RENDEZ-VOUS À L'AGENDA DE PRIONS EN ÉGLISE : Merci d'envoyer les informations nécessaires 3 mois avant l'événement, sans engagement de publication par la rédaction, à : *Prions en Église*, Agenda, 18 rue Barbès, 92120 Montrouge, ou par e-mail : *prionseneglise@groupebayard.com*

Prions en Église 18, rue Barbès,
www.prionseneglise.fr 92128 Montrouge Cedex.

▶ POUR CONTACTER LE SERVICE CLIENT : 01 74 31 15 01 – service.client@groupebayard.com
(Préciser : nom + adresse postale + « concerne Prions en Église ».)

▶ POUR VOUS ABONNER : 01 74 31 15 01 – www.librairie-bayard.com
Bayard, Prions en Église, TSA 60007, 59714 Lille Cedex 9

▶ POUR CONTACTER LA RÉDACTION : 01 74 31 63 24 – prionseneglise@groupebayard.com

Directeur de la publication : Pascal Ruffenach. Directeur du secteur et directeur des rédactions : Jean-Pierre Denis. Rédaction : Karem Bustica (rédactrice en chef), Pomme Mignon (rédactrice en chef adjointe visuel, directrice artistique), Frédéric Pascal (rédacteur en chef adjoint), Armelle Gabriel (assistante), Nicolas Crouzier (secrétaire général de la rédaction), Jean-Baptiste Deau (1er secrétaire de rédaction), Clotilde Pruvôt, Véronique Jollé (secrétaires de rédaction), Laurent Sangpo, Pascal Redoutey (rédacteurs graphistes), Ania Biszewska (rédactrice photo), Sébastien Antoni (chef de grande rubrique), Anne-Quitterie Jozeau (rédactrice), Agnès Thépot (relations lecteurs). A participé : Thibault Van Den Driessche. Marketing éditeur et développement : Anne-Claire Marion (directrice), Amandine Boivin (responsable marketing). Marketing diffusion et abonnement : Aurore Bertrand (directrice), Sandrine Dos Santos (chef de marché). Direction des terrains catholiques : Cédric Bloquet (directeur). Voyages lecteurs : Corinne Miguel. Contrôle de gestion : Tonnumy Ai. Fabrication : Grégory Cervantes. Impression : Maury SAS, Z.I. Route d'Étampes, 45330 Malesherbes.

Prions en Église est édité par Bayard, société anonyme à Directoire et Conseil de Surveillance au capital de 16 500 000 €. Actionnaires : Augustins de l'Assomption (93,7 % du capital), SA Saint-Loup, Association Notre-Dame de Salut. Directoire : Pascal Ruffenach (président), André Antoni, Florence Guémy et Jean-Marie Montel (directeurs généraux). Président du Conseil de Surveillance : Hubert Chicou. Dépot légal à parution. CPPAP : 0425K86471 - ISSN : 0383-8285. Belgique et Luxembourg : Bayard Presse Bénélux, Da Vincilaan, 1 – 1930 Zaventem. Tél. : 0800 250 38 (de Belgique, gratuit) ou 800 29 195 (du Luxembourg). Web marché chrétien : librairie-bayard.com. Suisse : Edigroup SA 39 rue Peillonnex 1225 Chêne-Bourg – Suisse. Tél. : 00 41 22 860 84 02. Mail : abobayard@edigroup.ch

PEFC
10-31-1282
Certifié PEFC
Ce produit est issu de forêts gérées durablement et de sources contrôlées.
pefc-france.org

IMPRIM'VERT

***Prions en Église* agit pour l'environnement**

PETIT FORMAT Origine du papier : Suède. Taux de fibres recyclées : 0%. Origine des fibres : papier issu de forêts gérées durablement. Impact sur l'eau : Ptot 0,007 kg/T

GRAND FORMAT Origine du papier : Suède. Taux de fibres recyclées : 0 %. Origine des fibres : papier issu de forêts gérées durablement. Impact sur l'eau : Ptot 0,003 kg/T

Ce numéro comporte :
Sur la totalité de la diffusion : encart posé "Prions en Église Agenda universitaire 2023-2024" ; encart posé "Prions en Église Junior" ; encart jeté "Prions en Église" autopromo. Sur une partie de la diffusion : relance posée "Prions en Église" offre d'abonnement.

Bulletin d'abonnement

GRELHS00111

☐ OUI, je m'abonne à *Prions en Église*

ÉDITION POCHE (13 x 11,9 cm) - PRI

- ☐ **1 an** (12 n^os^) .... **45 €**
- ☐ **2 ans** (24 n^os^) .... **80 €**
- ☐ **Étudiant** 1 an .... **29,95 €***

ÉDITION GRAND FORMAT (16 x 14,6 cm) - PRI

- ☐ **1 an** (12 n^os^) .... **52 €**
- ☐ **2 ans** (24 n^os^) .... **90 €**

+ EN CADEAU : le hors-série *Vivre la gratitude avec la sagesse chrétienne*

PAR COURRIER Renvoyez ce bulletin accompagné de votre chèque payable en France libellé à l'ordre de « Bayard » à l'adresse suivante : **Bayard - TSA 60007 - 59714 Lille CEDEX 9**

PAR INTERNET sur **librairie-bayard.com/abopri**

COORDONNÉES ☐ Mme ☐ M. Prénom

Nom A177118

Complément d'adresse (résid./Esc./Bât.)

N° et voie (rue/Av./Bd...)

Code postal Ville

Pays Date de naissance J J M M A A A A

Tél. E-mail

Pour recevoir, conformément à la loi, la confirmation de votre abonnement

RENSEIGNEMENTS POUR LES ABONNEMENTS HORS FRANCE MÉTROPOLITAINE

		DOM-TOM & UE	AUTRES PAYS	BELGIQUE	SUISSE
Téléphone		(33) 174 311 501		0800/250 38**	(022) 860 84 02
POCHE	1 an	48 €	54 €	Renseignez-vous sur les tarifs et abonnez-vous par téléphone	
	2 ans	86 €	98 €		
GRAND FORMAT	1 an	55 €	61 €		
	2 ans	96 €	108 €		

*Uniquement en France métropolitaine. Cette offre ne contient pas de cadeau. Joindre une photocopie de la carte d'étudiant.

**Appel gratuit